W0388004

La Justice contre les Hommes

De la même autrice

Porter leur voix, Fayard, 2014.
Corps défendus, Flammarion, 2021.

Laure Heinich

La Justice contre les Hommes

Flammarion

© Flammarion, 2023.
ISBN : 978-2-0804-1127-3

« Le juste milieu, quelque part entre s'en foutre et en crever. Entre s'enfermer à double tour et laisser le monde entier entrer. Ne pas se durcir, mais ne pas se laisser détruire non plus. Très difficile. »

L'Angoisse du roi Salomon (1979)
Romain GARY (Émile AJAR)

Alice a la petite cinquantaine. Elle préférerait probablement que je dise la bonne quarantaine. Issue d'un milieu privilégié, elle a fait sa mue à la gauche de la gauche. Scénariste, elle s'y connaît en philosophie, en politique, en littérature, en bande d'amis. Bref, elle en a vu. Elle envisage de réaliser un documentaire, un travail au long cours, loin du reportage, du sensationnalisme. Alice est une artiste, ni pressée ni contrainte, elle est tout le contraire de la justice. Elle me demande de l'aiguiller. Rendez-vous pris au nouveau tribunal de Paris, elle m'appelle dix fois cet après-midi-là mais je ne capte pas. Elle s'irrite un peu, ignore encore la patience qu'impose la bâtisse, elle tombera bientôt des nues devant celle qu'impose la justice. Le onzième appel aboutit, elle me dit : « Je suis dehors », je la vois, elle est plus grande que moi mais semble écrasée, un effet conjugué du bâtiment et de la fonction de l'endroit. Je sors en robe d'avocat tel un chien qui marque son territoire, « Je t'attendais à l'intérieur ». Alice s'étonne : « Je pouvais entrer seule ? » Cette fille qui connaît tout ici n'y connaît rien. On peut avoir fait dix ans d'études et être tétanisée devant l'institution. Elle se sait pourtant exclue de la catégorie que la justice broie. C'était visible dès son arrivée, aucun policier ne l'a stoppée quand elle a sonné sous le portique, probablement en raison de son corps bourgeois, marqué inoffensif : ici, ils n'arrêtent que les corps à l'épreuve et les corps à la peine.

Je l'accompagne aux comparutions immédiates, là où l'on juge les hommes qui sont conduits directement à l'audience après avoir passé deux jours dans des locaux de garde à vue. La première affaire commence, elle sort son petit carnet. Je fais l'instit et désigne le procureur, les prévenus, les parties civiles, les avocats, les greffiers, les huissiers. Après avoir questionné l'identité du prévenu qu'elle doit juger pour des faits de violation de domicile d'un fils chez son père, la présidente devrait débuter l'audience par un « rapport », c'est-à-dire un résumé de l'affaire. Elle n'en dit pas un mot, mais interpelle l'homme d'emblée : « Que faut-il faire pour que vous vous arrêtiez, monsieur ? » L'homme a déjà été condamné pour avoir frappé son père et il lui était interdit d'entrer en contact avec lui, ce qu'il n'a manifestement pas respecté. Il s'explique : son père souffre d'une forme de démence et se trouvait seul en compagnie de ses petits-enfants, s'était senti incapable de les garder et avait appelé son fils pour qu'il vienne les récupérer. Les voisins, alertés par le tapage du vieil homme, avaient averti la police qui était intervenue sur les lieux peu de temps après son arrivée, avait constaté sa présence et l'avait arrêté. À l'audience, le prévenu proteste : les preuves de cet appel de son père sont visibles sur son téléphone, qu'aurait-il dû faire ? Laisser ses enfants en danger ? La police a saisi l'appareil mais ne l'a pas exploité malgré ses demandes. La présidente balaie la critique, confirme l'existence de la maladie psychique du père certifiée par un document médical, et enchaîne les questions sans considérer les réponses. Elle choisit la brutalité verbale, celle qu'on croirait réservée à ceux qui ne savent pas s'exprimer. Alice se replie sur son siège comme si elle avait été elle-même frappée, je l'entends murmurer : « Pourquoi parle-t-elle avec autant de mépris ? »

Le scepticisme de la présidente ne fléchit pas : « C'est votre version, monsieur. » J'entends Alice soupirer à côté : « Mais on ne peut pas le condamner sans preuve ? » C'est d'ailleurs ce que relève le procureur, le manque de preuve, mais peu lui importe car il a la conviction de la culpabilité, il requiert trois mois d'emprisonnement ferme. L'avocate de la défense est assez géniale, quoiqu'elle répète dix fois la même chose. La crainte de ne pas être entendue sans doute. L'audience est suspendue.

Alice me dit bien sûr qu'ils vont le relaxer. Je réponds bien sûr qu'ils vont le condamner. Cela fait vingt ans que j'assiste à ce spectacle, que je lutte à toute force pour m'y opposer. Les juges reviennent et condamnent l'homme à la peine requise, trois mois fermes avec un mandat de dépôt, c'est-à-dire une incarcération immédiate. On sort de la salle, Alice a les yeux brouillés, me balance son sac, « Je reviens », et quand elle revient elle a changé. Elle n'a été condamnée à rien. Elle n'a été victime de rien. Mais elle a la haine. Celle du simple témoin. Je crois qu'elle avait une haute estime de la justice, rendue en son nom, et n'aurait jamais imaginé qu'elle y trouverait l'indignité. Le mot n'est pas trop fort. Elle avait pourtant forcément lu *L'Étranger*. Elle devait repartir pour aller chez son kiné, cela tombait bien, après une expérience de justice, mieux vaut se retrouver entre de bonnes mains. Va-t-il lui détecter un petit tassement au niveau des vertèbres, les conséquences médicales d'un écrasement judiciaire ?

En la raccompagnant en voiture, j'avais fait mon avocate, j'avais défendu les prévenus et les juges, lui avais parlé de ce que la justice inflige aux hommes et aux femmes, à ceux qui jugent et à ceux qui sont jugés, je lui avais dit que tout le monde souffre, que ça nous réduit, que l'institution ne fait plus de place aux Hommes, que nous coûtons trop cher. Qu'on le paiera un jour. J'espère que son kiné a des solutions, je n'ai que des diagnostics et des questions : pourquoi la justice s'acharne-t-elle sur les Hommes ? Pourquoi est-ce si difficile d'entendre la vérité ? J'ignore encore au nom de quels droits, malgré le constat, il me reste des raisons d'espérer.

Puisque au mieux je suis cette avocate que je viens d'écouter, pourquoi persister ? Puisque tout se dégrade, qu'on ne change pas plus le cours des fleuves que celui des lois, qu'on s'épuise à contre-courant pour que finalement on ne parvienne pas à les remonter. Ils sont nombreux à jeter l'éponge. Éric me téléphone, il ne veut pas que je l'apprenne autrement, il dit qu'il en a fini.

Éric est un avocat de cinquante-deux ans, médiatique et fortuné, une carrière remarquable, en pleine expansion puisqu'on « s'expand » encore en grisonnant. Il dit qu'il ne veut plus. Et comme aucun mot ne sort sans qu'il les pleure, il les écrit, pour ne pas avoir à répéter, pour que personne ne sèche ses larmes surtout, il a assez défendu de victimes pour savoir qu'il n'est pas à plaindre. Je le retrouve plus tard dans son bureau, je lui touche le bras, l'endroit costaud, il ne souffre pas au point qu'on se touche les mains. Il me parle, mais s'adresse au portrait encadré, celui de son copain Maître Mo, confrère écrivain, grand, fin, aux oreilles décollées. Mort à l'âge de cinquante-trois ans en laissant derrière lui des mini-Mo. Éric dit qu'il va en crever s'il continue, qu'il va y laisser sa peau. Il poste sa missive sur les réseaux sociaux, il se sent « au milieu de ce monde de justice qui ne nous écoute plus », il pense qu'il « n'en a plus la force ». Il ne veut pas non plus « mourir avocat ». Ce qui le motive, des considérations personnelles (un peu) et « les non-réformes toujours plus déconsidérantes de la justice » (surtout). Nous devenons quasiment des avocats de l'institution, celle qui broie nos clients, celle qui se moque, nous l'excusons, nous passons un temps infini à dire à ceux que nous défendons que le juge fait de son mieux, mais que lui non plus, il ne peut plus. Éric a déjà trop sonné l'alerte, il en est à constater le déluge : « Je n'ai pas choisi ce métier pour l'effondrement qui vient. »

Cet effondrement, les médecins qui ne soignent plus le vivent aussi, ils désertent le public pour le privé, gagnent plus pour travailler moins, un véritable rêve de société s'il n'était pas réservé aux premiers de cordée. Les infirmières jettent l'éponge, humiliées d'avoir quémandé quelques jours de congé et d'être tellement mésestimées.

Les professeurs qualifiés refusent leurs postes, d'autres sont recrutés en speed-dating.

Est-ce ainsi que nous voulons vivre ?

Certains ont franchi le pas bien avant Éric. Ils sont nombreux ceux qui partent. Cinq ans suffisent souvent à ravager leurs illusions. Je devrais écrire « elles » car ce sont majoritairement les femmes qui partent. Comme dans les vieux couples. Elles sont 40 % à renoncer après dix ans d'exercice, mais ils sont nombreux aussi. Parce qu'ils n'ont pas réussi, me direz-vous. Probablement. Mais il faut ensuite poser la question de la réussite. Certains parviennent à s'acheter une maison de campagne après quelques années tandis que d'autres ne font plus face aux charges de leur cabinet. Dans les deux cas, ils s'arrêtent. Aucun n'a manifestement trouvé les raisons qui permettent de s'accrocher alors ils raccrochent. Les avocats d'affaires déclarent un zéro de plus que ceux qui restent du côté des petites gens. Cela n'a aucun sens.

Ce n'est pas ce qui me fera quitter le métier, moi qui n'ai ni dette ni maison de campagne, un constat mesuré qui sied mal à cet extrême qu'on me colle, cette radicalité dont on m'affuble. Mais comment être avocat sans s'indigner ? Avocat, dans la langue de notre vocation, se confond avec « outré ». Peut-être qu'un jour, on veut vivre autrement, même si contrairement à la chanson, on a été heureux avant d'être vieux. C'est ce que dit Éric, « Et un jour on veut moins, et un jour on ne veut plus. » Il ne sera pas le confrère de soixante-dix ans. Il les a vus comme moi, comme vous, ces avocats qui restent jusqu'au bout. Financièrement, certains peuvent difficilement faire autrement. Ou alors ils aiment trop ça. Ou encore ils n'ont que ça. Je n'en sais rien, interrogez-moi dans vingt ans. Le constat demeure, les avocats ont tous les âges. Maurice Garçon déplorait déjà, dans le journal qu'il a tenu pendant la Seconde Guerre mondiale, les honoraires abyssaux sollicités par ses confrères, Poincaré ou Millerand, qui « gagnent des centaines de mille francs », tandis que Demange, défenseur de Dreyfus, « l'un des plus grands avocats d'assises de la fin du XIXe siècle », traîne encore sa robe à quatre-vingts ans et « meurt-de-faim ».

Est-ce qu'Emmanuel sera de ceux-là ? Emmanuel a quelques années de plus qu'Éric, il arrive à son cabinet à six heures le matin, un héritage probable de sa mère « manutentionnaire qui ne parlait pas français ». Alors Emmanuel a la décence de ne rien trouver difficile. Je l'appelle pour entendre le son de l'apaisement, sa messagerie se déclenche, la chanson résonne, « Parlez-moi d'amour, redites-moi des choses tendres… »

Cent ans plus tard, nous chérissons toujours nos ténors. Ceux que le grand public connaît aussi, étiquetés « vus à la télé », cette génération à la voix roublarde et au physique de flic ou de voyou. Ils se retrouvaient à la buvette de l'ancien Palais parisien, y fumaient, n'étaient pas joignables, pas appelés ailleurs, ils se posaient là et refaisaient le monde.

Il fallait la voir, cette cafète, à l'endroit qui a décapité Louis XVI et Marie-Antoinette. En catimini des marches magistrales qui conduisaient aux grandes portes, un autre escalier glissait vers les coulisses. Après quelques enjambées se profilait une cour plutôt qu'une terrasse, les couverts dressés, des tables de juges, d'autres d'avocats et certaines mélangées. On y parlait fort pour se montrer ou à voix basse pour exister. Les robes noires tombaient des chaises ou dépassaient des cartables, elles n'enveloppaient plus personne, la pause était haute en couleur. Ce n'était pas un endroit mais un rituel.

Tous dévisageaient nos avocats-stars, c'était comme au ciné, personne n'avait envie de zapper. Ils s'éteignent. Comme les McEnroe, les Agassi. Les suivants sont plus soignés, pas de mèche rebelle, pas de pli au costume, notre sport aussi s'est professionnalisé. La faute à la vie qui s'est durcie et aux coups de sifflet qui se sont multipliés. J'entre probablement dans l'âge du « C'était mieux avant », cette tendresse du monde d'hier, ils n'étaient pourtant pas moins sérieux mais plus fantasques. Ils n'avaient pas fait Sciences Po ni HEC, n'étaient pas diplômés du barreau de New York, ne parlaient pas deux langues couramment.

On ne les embaucherait pas aujourd'hui, ils quitteraient le métier et iraient briller puis s'éteindre ailleurs. Je force légèrement le trait, un biais d'avocat et d'écrivain, puisqu'on s'émerveille encore dans les palais au son des plaidoiries qui tonnent et flamboient, emportent ou se fracassent. Elles sont juste un peu plus formatées qu'avant. Mais qui nous a policés ? Qui a choisi de fermer d'abord cette fameuse buvette du vieux Palais avant de fermer les portes des tribunaux, des juges, de les badger, de les blinder ? Qui a imposé ce renversement, cet arrêt des élans, ce silence et ce froid ? Pensent-ils qu'il faut vivre terne pour juger fort ?

Qui a décidé de tout cloisonner, de juger vite et rentable, d'abandonner la philosophie, de faire disparaître les jurés, de ne pas considérer la sociologie, de parler uniquement aux passions répressives et sécuritaires ? Qui a décidé que le droit n'était qu'une escalade, qu'il ne permettrait jamais de retour en arrière ? Qui a éteint nos dinosaures ? Qui ?

Victime, un mot hors du droit

Alice se remet doucement de son choc, lit des essais juridiques en perfusion, assiste à des audiences. Elle fait l'expérience de la théorie et de la pratique, c'est-à-dire des idées et de la violence. Elle savait que l'accusation de laxisme portée contre les juges était une construction de la droite répressive, mais quand même, elle n'avait pas envisagé l'opposé.

Elle réfléchit aux livres qu'elle amasse, il ne lui vient pas à l'idée de s'attaquer au Code pénal qu'elle devine indigeste et illisible. Même après des années d'études et de pratique, il faut s'y reprendre plusieurs fois pour décortiquer les articles de droit. Leur lecture est d'autant plus ardue qu'ils se répondent, qu'ils s'excluent (celui-ci est applicable « sous réserve des dispositions du précédent » qui lui-même s'applique « par dérogation » mais « sans préjudice » des dispositions d'un autre). Ce n'est jamais tout à fait clair. Les mauvais esprits arguent que c'est volontaire, pour que le juge puisse choisir entre une interprétation ou une autre en fonction de l'orientation qu'il souhaite donner à sa décision. Le législateur, bon esprit par nature, prétend faire comme il le peut là où modifier un seul texte s'apparente à retirer une baguette au Mikado.

Alice m'a vue à la télévision et m'envoie un message pour me dire « canon », elle a trouvé la journaliste « top » et aurait été « dégoûtée » de louper. Elle déclasse sa façon de parler par un procédé oratoire qui ne fonctionne que si on est cultivé. Elle me fait sourire mais je ne suis pas dupe, c'est une façon de se planquer. Elle parle des meufs, moi aussi je dis comme ça. On me reprend souvent, m'explique que c'est incompatible avec moi. C'est-à-dire ? Parce que je suis une femme ? Parce que je suis avocate ?

Elle me parle de l'affaire PPDA. Tout le monde m'interpelle sur l'affaire PPDA puisque j'assiste plusieurs femmes qui ont porté leurs plaintes contre lui, judiciairement prescrites, sur le terrain médiatique. Elles l'ont fait avec une finesse qui ne va pas toujours de pair avec la détermination. Des plaintes pour viols, agressions sexuelles, harcèlement moral ou sexuel. Un florilège bien ciblé. C'est le chemin qu'empruntent certaines plaintes pour prospérer en tentant, souvent, de n'être ni celles qui instrumentalisent ni celles qui sont instrumentalisées. Est-ce seulement possible ?

Leur motivation était multiple, « libérer la parole », vivre mieux, mais aussi provoquer un débat citoyen et pédagogique. Et peut-être qu'elles n'ont pas été mécontentes que leur agresseur ne soit enfin plus sollicité pour remettre des prix littéraires. Ce n'était pas très cher payé. Elles ont questionné l'exercice du pouvoir, la toute-puissance, la soumission d'une entreprise à une idole, le sacrifice des femmes, le silence. Et elles s'en sont pris plein la gueule. Elles le savaient d'avance. On ne révolutionne pas les mentalités sans être broyé.

« Est-ce qu'on peut clouer un homme au pilori ? » Ce n'était pas leur question, mais elles l'ont nécessairement mise en débat aussi.

Raconter sa propre histoire, c'est bien le droit minimal. Il ne manquerait plus qu'on puisse en déposséder quelqu'un. Et si le mis en cause est un peu célèbre ou célèbre à la folie, que l'affaire se déplace en Une des journaux ou sur les plateaux, ce n'est que la rançon de la gloire.

Au nom de quoi pourrait-on empêcher quelqu'un de partager son expérience ? Tout le monde donne son opinion, débat de fausses questions sans légitimité professionnelle ni personnelle. Comment contester le droit de parler de ce qui nous appartient le plus, au-delà du corps, sa propre vie ? La parole médiatique a la vertu de ne plus se taire. « D'avoir vécu une chose, quelle qu'elle soit, donne le droit imprescriptible de l'écrire », écrit Annie Ernaux dans *L'Événement*.

Les limites existent et sont bien connues, celles de la liberté d'expression, de la diffamation (porter atteinte à l'honneur et à la considération) et de la dénonciation calomnieuse (dénoncer un fait que l'on sait faux alors qu'il peut entraîner des sanctions). À l'intérieur de ce cadre, la parole est non seulement libre, mais elle est de droit. On peut donc dire qu'on a été violée par PPDA, par Hulot, par Darmanin, par Tron, par Abad.

Mais peuvent-ils répondre ? Pas vraiment. La justice médiatique n'a pas de règles de procédure, pas de garanties d'équité, de loyauté, pas de dossier soumis au débat, pas de secret professionnel, pas d'avocat. Elle est encore moins loyale que la justice rendue dans les palais. Le nom est mal choisi, bien sûr, puisque la réponse est dans la dénomination, il n'y a qu'une justice ou il n'y a pas de justice mais il n'existe pas de « justice » médiatique. On devrait l'appeler « débat d'actualité » ou « d'intérêt général », la définition du journalisme assurant un dialogue dans la société sans rapport avec la scène judiciaire, questionnant des relations sexuelles dans un cadre de contrainte hiérarchique, familiale ou de différence d'âge conséquente.

Les médias m'ont beaucoup interrogée sur cette affaire PPDA et, un jour, j'ai accepté de répondre sur une antenne avec la certitude que j'allais parler pour « mes plaignantes ». Quelques minutes avant l'entretien, la journaliste me prévient qu'elle commencera par ma tribune. Je n'avais pas écrit de tribune. « Mais si, Maître, votre tribune sur Hulot publiée il y a quatre ans, vous vous souvenez ? Vous étiez très virulente à l'encontre du procès médiatique. » Non, je ne me souvenais pas, je me répétais juste que c'en était fini de moi et paniquais à l'idée de nuire à mes clientes. Qu'avais-je pensé, ou pas pensé, avant de les défendre ?

J'ai relu l'article où je soutenais la présomption d'innocence contre ce qui m'apparaissait être un lynchage médiatique dans une affaire, très loin de celle de PPDA, où nul ne connaissait une bribe de l'accusation portée. Je redoutais les traces irréversibles que laissent les médias, je sais qu'on retire plus facilement une mention de condamnation sur un casier judiciaire qu'une vindicte populaire sur le Net. La preuve de la nécessité de s'adresser à des juges plutôt qu'à Google, à des hommes plutôt qu'à personne.

Je n'en retirerais pas un mot aujourd'hui, mais je l'écrirais autrement, de façon plus pondérée.

Je maintiendrais la nécessité de la représentation symbolique, de son surplomb, de la distance et des règles qui président à l'acte de juger. Je les tempérerais par ce droit que je soutiens désormais de raconter son histoire, pour soi, pour les autres aussi. Pour dire moi aussi.

Je me contredis, oui, je me contredis. C'est le propre d'un avocat, ce que revendiquait Walt Whitman, même si je fais plutôt appel à Virginie Despentes qui est aux féministes ce que Jacques Vergès est aux avocats, la meilleure mais pas pour tout le monde. « Quand on ouvre un livre, c'est qu'on est d'accord pour se laisser transformer », avait-elle assuré. C'est pareil quand on entame un procès, quand les gens que nous défendons s'ouvrent à nous, qu'ils nous bâtissent, nous façonnent, nous retournent et nous déconstruisent. Ils nous changent. Alors l'avis, et c'est heureux, ça va, ça vient. Je ne suis plus d'accord avec le ton de ma tribune. Et le ton, les avocats le savent comme les enfants, c'est important.

Johnny Depp n'a pas dû regretter que son affaire contre Amber Heard soit si médiatisée – au moins le temps de son procès, pour la suite de sa carrière, lui aussi changera peut-être d'avis. Il a gagné en dehors du cadre, des règles, des clous. Ces victoires-là, explosives, non seulement voyantes mais surexposées, apparaissent plus transparentes que les victoires judiciaires, toujours suspectes d'avoir bénéficié d'un entre-soi ou d'une règle de procédure, d'un « vice » qui serait celui de l'homme plutôt que du dossier. Les Américains se sont faits juges, sans autre questionnement, c'était pour ou contre, pour l'un ou pour l'autre, contre l'un ou contre l'autre, qui gagnait au nombre de likes sur Instagram, de performances sur TikTok, qui écrasait l'adversaire. Ils manifestaient en déployant des banderoles. Des banderoles qui savent. Qui savent mieux que les avocats ces menteurs, les juges ces vendus, les accusés ces coupables, les victimes ces salopes. On était loin des preuves. Mais surtout, on était loin des débats citoyens et du contrôle démocratique. Tous les commentateurs se trouvaient qualifiés et les professionnels disqualifiés. Il y avait du « médiatique » mais rien de la « justice ».

Je ne sais pas si Hélène Devynck, qui a été l'une des premières à déposer plainte contre le journaliste, a regretté. Je ne pose pas de questions, les gens me disent ce qu'ils veulent. Et je sais que les regrets ne sont jamais valables très longtemps. Mais quand le journal *Le Monde* a publié les « bonnes feuilles » de son livre *Impunité* dans lequel elle relate « l'affaire PPDA », le site du journal a capitulé : « Sur décision de la rédaction, les contributions ont été désactivées pour cet article. » Le quotidien aurait pu se rendre complice de diffamation en laissant proliférer ce déferlement de commentaires violents et haineux, qui parlent bien plus de ceux qui les écrivent que de celles qu'ils visent. J'imagine que PPDA a les mêmes copains que Johnny Depp. Je voudrais pourtant bien savoir pourquoi les foules se déchaînent sur les femmes qui dénoncent les hommes qui les agressent.

Sont-ce les mêmes qui ne croient plus en rien, qui contestent les vaccins, les médias, la justice ?

On se souvient du procès d'Outreau, ces badauds galvanisés qui hurlaient à la mort des pédophiles et qui, des mois et des innocents plus tard, réclamaient la tête du juge. C'étaient les mêmes. Comment pourraient-ils rallier la parole des femmes ? C'est peut-être un moindre mal. Est-ce qu'on veut être soutenu par des gens qui pensent que la Terre est plate ?

Les femmes redoutent encore d'être déconsidérées avant même d'être entendues puisque seulement 10 % d'entre elles franchiraient les portes du commissariat. J'ai eu du mal à trouver car, en interrogeant Internet sur le pourcentage de femmes qui renoncent à porter plainte, Google a terminé ma phrase et a cherché le nombre de celles qui ne portent pas de sous-vêtements.

Chez nous, dans la maison justice, on ne dit pas « victime ». Le terme s'est discrètement immiscé dans le code de procédure pénale au cours des années soixante-dix comme les néologismes dans *Le Larousse*, des sortes de lapsus de l'air du temps, sans qu'on sache bien ce qu'est une « victime » en droit puisqu'elle n'est définie par aucun des 300 000 articles qui composent nos codes de justice.

Le mot se promène à quelques endroits comme une erreur qui traîne, les jurés notamment prêtent serment de ne pas trahir les intérêts de la « victime ». Ni ceux de l'accusé ni de la société qui l'accuse. Cela fait beaucoup d'injonctions contradictoires de sorte qu'ils finissent toujours par trahir quelqu'un.

Quand on parle droit, on dit « plaignant » (au moment de l'enquête) ou « partie civile » (lors de l'instruction ou du procès). On donne un nom compatible avec la présomption d'innocence, si on dit « victime », on insinue coupable à un stade où, de l'autre côté de la barre, ils ne sont que « mis en cause », « mis en examen », « prévenu » ou « accusé ».

Il y a quelques années, la revue théâtrale satirique des jeunes avocats de Paris jouait un sketch mettant en scène une femme se faisant violenter, elle téléphonait aux services de police, tombait sur une centrale d'appels : « Si vous êtes agressée, tapez 1, si vous êtes violée tapez 2, si vous avez perdu connaissance tapez 3. » On y est presque. Les commissariats parisiens n'ont plus de numéro de téléphone. Ça devait coûter trop cher alors « on » a rationalisé. Il faut donc composer le 3430 avec quelqu'un qui nous aiguille, qui parle formaté parce que la conversation peut être enregistrée. Je me demande à quel moment la centrale d'appel va être délocalisée. « Non, madame, je ne peux pas vous passer un commissariat, c'est comme Doctolib, il faut se connecter sur policerendezvous. » Mais c'est pour un viol, monsieur, je voudrais parler à un être humain. « Je ne peux vous passer personne, madame, mais la plateforme est très efficace. »

C'est vrai que ça va bien avec le viol, la plateforme internet, ça réchauffe, ça redonne confiance en l'humanité. Ensuite, une fois le rendez-vous pris, vous êtes reçu par un homme ou une femme, formé ou pas. Ils font comme ils peuvent. Ils sont trois dans un petit bureau, ils n'ont pas de place réservée aux auditions, donc ils reçoivent dans leur bureau de tous les jours, avec leurs écharpes de foot au mur, leurs affiches syndicat Alliance et leur cible de tir percutée en plein cœur. Ouf, ils savent viser.

Stupéfié par la vétusté des locaux, un confrère davantage habitué aux dorures des entreprises du CAC 40 m'interroge : « Comment veux-tu qu'on respecte les forces de l'ordre ? » Je n'avais jamais vu les choses sous cet angle mais, effectivement, ces locaux médusent les gens, ils les sidèrent, c'est un peu de l'agression qui se poursuit. Quand ça se passe bien, vous parlez devant une dame qui vous reçoit le plus gentiment qu'elle peut, vous êtes un peu étonné d'être collé à ses deux collègues qui entrent, qui sortent, qui appellent le procureur, qui convoquent quelqu'un et qui parfois, eux aussi, prennent une déposition. On ne s'entend plus. Pendant qu'un homme parle d'une escroquerie à l'assurance dont il a été victime, madame explique comment un autre homme a déchiré sa culotte et l'a forcée à… étonnamment elle a du mal à le dire. Enfin quand même, madame, la parole s'est libérée, il ne faut pas hésiter. Fellation, sodomie, il vous a doigtée, devant, derrière, un cunnilingus ? C'est un viol maintenant, vous savez ? Vous aviez vos règles ? Une protection ? Il a éjaculé ? Comment ça, le chèque n'était pas provisionné ? Ah non, pardon, c'est juste mon collègue d'à côté qui a parlé. Voilà madame, vous relisez, vous ne faites pas attention aux fautes d'orthographe, je transmets votre plainte au procureur et après je mène l'enquête. Je pense que les premières investigations auront lieu dans dix-huit mois, rappelez-moi à ce moment-là. Ah oui, il aura peut-être violé d'autres filles, je sais, mais on est en sous-effectifs, vous comprenez. Grande cause nationale, oui, madame, les slogans, vous savez…

Je n'ai rien contre la police en général, j'en ai trop après le « en général ». Je pourrais bien sûr parler de bienveillance, leur souhaiter « bon courage » ou « belle journée », être polie, effacée, bien de mon temps, ou hystérique, il paraît que ça revient, je pourrais être excessive et, d'ailleurs, on me dit que je le suis, trop radicale, trop violente, trop quand je trouve que ce n'est pas assez. Je navigue dans cet excès, quelque part entre m'en foutre et en crever. Ce n'est pas leur faute, bien sûr, on met toujours devant nous des gens dont ce n'est pas la faute, comme dans cette scène désespérante des *Raisins de la colère* où des familles de métayers voient leur terre ravagée par des tempêtes de sable et ne peuvent plus honorer leurs dettes alors que la Grande Dépression, cette crise de 1929, frappe les États-Unis. Leur défaite est racontée par l'un des protagonistes : « Tous voulaient rester là et tenir tête quand la banque a envoyé son tracteur labourer la ferme » puis un type « Tout miel » est venu, « Faut que vous partiez, ce n'est pas de ma faute ». Un métayer a demandé de qui c'était la faute et l'autre a répondu celle de « la Société d'exploitation agricole et d'élevage Shawnee. Je ne fais que transmettre les ordres. » Le métayer a insisté : « Et qui c'est, la Société d'exploitation agricole et d'élevage Shawnee ? » « C'est personne. C'est une société. »

Steinbeck de conclure le dialogue de son personnage : « Y a de quoi vous rendre marteau. Y avait personne sur qui tomber. »

Il faut croire que les livres ne changent rien à l'affaire.

Et si l'on remonte la hiérarchie, le commissaire, le préfet, le ministre de l'Intérieur, le Premier ministre, le président de la République, l'Europe, personne n'y peut rien, la mondialisation, madame. Serait-ce donc elle qui entasse des plaignantes avec des flics et des hommes dans des cages ? Personne ne s'en soucie vraiment, les classes aisées s'imaginent échapper à la justice pénale, cette justice qui concernerait les autres et maintiendrait chacun à sa place. Pourquoi s'y intéresseraient-ils puisqu'ils martèlent « n'avoir rien à se reprocher » ? L'histoire judiciaire, ou son actualité, les contredira souvent : le palmarès des hommes politiques est éloquent à ce sujet.

Avoir sa place, prendre sa place, être à sa place, autant de sujets de philo, de psycho et aujourd'hui de bien-être, la matière est vendeuse. J'en ai lu des livres sur les places, celle qui est nécessaire et celle qu'on usurpe, celle qu'on croit bonne et celle qui assigne, la sienne, celle qu'on délaisse et celle qu'on ne laisse à personne.

En matière de justice, c'est mon mantra, que chacun soit à sa place, avocat, procureur, magistrat, accusé et partie civile, à leur place aussi, ce qui ne veut pas dire au coin. Lorsque la justice fonctionne, on entend des mots prononcés par la bonne personne au bon endroit, quelque chose de performatif résonne dans la plaidoirie de l'avocat qui répare ou fait barrage, dans le jugement que prononce le juge. Au nom de. Personne n'est en son nom et tout se replace.

Le rôle de la victime dans le procès pénal fait l'objet d'incessants questionnements, tantôt remis en question puis réaffirmé, on apprend que la plaignante est exclue du procès pénal dans l'immense majorité des pays du monde, y compris aux États-Unis, et que sa situation en France est donc très privilégiée. Mais on râle quand même. Je ne peux rien dire, j'adore ça.

Comme tous les systèmes nuancés, le nôtre tient sa force de sa fragilité, de son caractère hybride, et du fait que chacun reste cantonné à sa place.

Souvent, les victimes se sentent jugées. Un truc de femmes, c'est comme ça qu'on nous a élevées.

Est-ce loin de la vérité ? La victime doit être bonne, ce qu'elle n'est jamais entièrement puisqu'elle est comme tout le monde. Ni mauvaise. Est-ce parce que le procès s'acharne à noircir l'auteur qu'il tente de blanchir la victime ? Faut-il encore creuser le fossé alors qu'il n'est rien à justifier de cet ordre-là, on peut être atroce et victime. Il n'y a pas de victimes de qualité. La majorité du temps, les plaignantes sont « suffisamment bonnes » et les accusés « suffisamment mauvais » pour qu'il soit inutile d'en rajouter. Mais le spectacle judiciaire requiert une binarité, quelque chose de l'ordre du fictif, du caricatural – une victime blanche comme neige face à un accusé monstrueux.

Lorsque nous défendons une partie civile, nous lui expliquons notre rôle d'avocat et le sien, des rôles complémentaires, nous travaillons à « caractériser une infraction », pour obtenir une condamnation puis une indemnisation. Concernant la peine d'emprisonnement, nous ne pouvons rien réclamer, c'est l'apanage de la République. Le procureur détient seul la possibilité de diligenter une enquête ou de la refuser, de requérir une peine ou de renoncer. Le visage des femmes que je défends se déforme à l'écoute de mes propos, si je ne demande pas qu'ils crèvent en taule, je sers à quoi ? À parler d'elles. Ce qui est, à mon sens, le meilleur moyen qu'ils croupissent longtemps, c'est à l'intérieur de moi que ça se crispe cette fois, je n'ai pas prêté serment pour faire pourrir les gens. Ce serment-là, pas moins que les autres, je le trahis. Quand les accusés ne rendent pas ce qu'ils peuvent à celle qu'ils ont agressée, quand ils ne donnent pas la moindre des choses, qu'ils se paient notre gueule après l'avoir cassée, je trépigne, je sais bien que si je les défendais, je dirais qu'ils font au mieux. Mais je trahis, c'est plus fort que moi. Je confesse comme une entorse à *la dignité, la conscience, l'indépendance, la probité et l'humanité* que j'ai jurées, je déborde parfois, d'incompréhension, du sentiment de ne plus savoir quoi faire, comment faire, comment m'y prendre, les mots de mon métier n'y peuvent plus rien, j'ai envie de cogner, qu'on enlève l'accusé de là, au trou, loin, vite, sans attendre une minute, ça ne sert plus à rien. Je vis le sentiment d'impuissance dans l'arène de la toute-puissance. Si j'étais victime, je voudrais qu'il crève, alors ne me demandez ni de jurer ni de juger. Je dois bien avouer qu'on parle assez facilement à ma haine. Et quand c'est lui que je défends, c'est le procureur que je veux faire arrêter, je déborde, d'incompréhension, du sentiment de ne plus savoir quoi faire, comment faire, comment m'y prendre, les mots d'un métier ne peuvent rien, j'ai envie de cogner. Ce qui me rattrape chaque fois, c'est la loi. On n'a pas trouvé mieux jusque-là.

Comment accepter, quand on est victimes, que les choses de sa vie dépendent encore d'un autre, même s'il représente la société ? Puisque ce sont elles qui ont été blessées, pourquoi un autre demanderait-il, pour elles, en leur nom, la condamnation ? Ne serait-ce pas le moment, précisément, d'en finir avec la dépossession ? Avec la loi du plus fort ? Parfois, le procureur (l'avocat général aux assises) y parvient. Elles comprennent qu'il se produit quelque chose de plus grand qu'elles, qu'à ce moment, leur nom, leur « elle », devient collectif. La peine est requise de plus haut que soi, au nom de la société, puis prononcée par la Cour au nom du peuple français. J'aime l'idée de cette distance et je mesure l'importance de la parole de la société sur les victimes lorsqu'elle est portée par un homme en robe rouge ou noire. Un jour, j'ai plaidé à quel point ma cliente s'était sentie soutenue par cette parole incarnée par l'avocat général, « un petit roux » ai-je ajouté, pour souligner l'incarnation. Il m'en a un peu voulu. Il n'y a pas de roux sous la robe. Il aura compris que je ne sais pas bien y faire avec l'affection, encore moins avec l'affection pour un juge.

J'ai lu chez Lagasnerie que « l'État dépossède la victime de ce qui s'est passé et prend sa place, il se pose lui aussi comme victime, et même comme la victime principale. Il ajoute une victime. Il ajoute au crime. » Il y a, dans sa démonstration, l'idée que l'État ne serait pas à sa place. Une fois n'est pas coutume, je suis d'accord avec l'État, avec cette idée qu'il soit victime, qu'il agisse au double titre de celui qui est atteint et de celui qui vient aux côtés d'une partie civile, sans s'y subroger mais au soutien. Est-ce que je me contredis puisque je tiens également l'État pour complice de délaisser ses citoyens et de privilégier la récidive en instaurant une politique pénale dont il sait qu'elle mène au passage à l'acte ? J'aime au moins autant me contredire que râler. C'est quasiment une éthique. Et cela me fait citer les auteurs comme dans les plaidoiries de première année, ce Walt Whitman qui me tient décidément à cœur : « Est-ce que je me contredis ? Très bien, alors je me contredis, je suis vaste et je contiens des multitudes. » J'essaie de ne pas enlever à l'État ce que je reconnais aux hommes, qu'ils puissent être auteurs et victimes à la fois.

L'État ne prend pas la place, il déplace, il ne laisse pas à son citoyen la responsabilité de la sanction. Sans lui prendre son espace, il s'assure, au contraire, de cantonner la victime à la place qui est la sienne, sans droit de vie et de mort sur autrui, même symbolique, sans droit de priver de liberté, de soumettre. L'État la protège de la culpabilité inhérente aux décisions que les juges prennent en tremblant et que parfois, peut-être, ils regrettent. Ce fonctionnement est encore une fiction, bien sûr, à l'image des 300 000 règles idéales : dans la réalité du monde judiciaire, personne ne tient en place, tout le monde prend la place de tout le monde, le président se comporte comme un procureur, l'avocat de la partie civile accuse plus qu'il ne donne à connaître sa victime, les associations parlent de cause quand il s'agit d'un fait et l'avocat de la défense combat des moulins à vent. On empiète sur le territoire des autres, en douce ou frontalement. Un peu comme dans la vie.

Se contredire : ce reproche perpétuel à l'adresse des avocats. Nous serions des girouettes volontaires, défendant une voix puis l'opposé, la veuve et le meurtrier. Mais personne ne pose la question de l'effet de ces oppositions. Elles causent pourtant nos doutes. Avant de défendre, de conseiller, de plaider. Quand on pense contre tout le monde, on débute par ses propres a priori. Ont-ils les mêmes craintes, ceux qui ont choisi leur côté et savent tout sur tout ? C'est si facile d'aller dans le sens de soi, de refuser de se glisser dans toutes les peaux, à toutes les places, de les hiérarchiser, d'en faire des niveaux et, pour certaines d'entre elles, des caniveaux. Changer de côté semble bon pour l'humilité à laquelle les avocats sont, contrairement à la croyance populaire, souvent renvoyés. C'est peut-être pour reprendre un peu de pouvoir que nous parlons fort en société.

Comment ne pas douter quand on ignore, même postérieurement, si notre choix stratégique était clairvoyant ou pas ? Quand un homme est condamné à quinze ans d'emprisonnement, impossible d'estimer la peine dont il aurait écopé s'il avait avoué ou s'il s'était tu, s'il avait concédé une vérité ou même une fausseté pour ne contrarier personne, pas même l'adage selon lequel « il faut que justice passe ». Il existe de rares exceptions où les magistrats nous soufflent la réponse, expliquant leur délibéré, à titre de confidence, mais je les soupçonne d'enjoliver ou de noircir. Je ne crois pas mes clients, ce n'est pas pour croire les juges. Est-ce que celles que j'assiste se remettraient mieux si je ne respectais aucun cadre, si je réclamais en plaidant que leur agresseur soit condamné à un quantum de peine alors que ma déontologie me l'interdit ? Après tout, je milite pour faire voler en éclats tous les cadres, pourquoi s'arrêter à la loi ? Est-ce à cause de ces fichues limites dont on nous dit qu'il faut les intégrer dès le plus jeune âge, qu'à défaut on devient dangereux ou malheureux ? Je demeure sans réponse, à douter tout le temps de tout le monde, sans faire exception de moi. C'est pénible parfois.

Anne Sylvestre me console :

J'aime les gens qui doutent, les gens qui trop écoutent
leur cœur se balancer.
J'aime les gens qui disent et qui se contredisent et
sans se dénoncer.
J'aime les gens qui tremblent, que parfois ils ne
semblent capables de juger.

Et devant celles et ceux qui ont choisi un camp, donc nécessairement la division, je poursuis la chanson des gens qui doutent mais « voudraient qu'on leur foute la paix de temps en temps/Et qu'on ne les malmène jamais quand ils promènent leurs automnes au printemps ».

Je n'ai pas demandé à Pascale Robert-Diard, la chroniqueuse judiciaire du journal *Le Monde*, l'ampleur de l'avoinée qu'elle a nécessairement reçue après la parution de son article sur les premiers jours du procès des attentats du 13 novembre dans lequel elle questionnait le « cocon » échafaudé pour les victimes. La journaliste relève les précautions prises par le président pour aviser le public des moments qui s'annonçaient difficiles et la présence ostensible de l'association « Paris Aide aux victimes » qui tentait de repérer celles des parties civiles qui vacillaient. Elle poursuit : « Mais l'accumulation de précautions, qui transforme la salle d'audience en cocon pour les victimes, a aussi son revers. Elle suscite une certaine confusion des rôles. Est-ce la mission des enquêteurs de commencer systématiquement leur exposé en s'excusant d'avance auprès des parties civiles de l'épreuve que leurs mots vont raviver ? Est-ce celle des avocats de répéter chaque jour publiquement le numéro de téléphone de l'assistance psychologique ? Est-ce la place des psychologues d'arpenter avec tant de visibilité la salle d'audience ? »

Robert-Diard s'interroge : cette sollicitude, certes apaisante, n'aurait-elle pas dû rester à la porte de la salle d'audience ? Et la journaliste de conclure : « On attend de ce procès qu'il montre la force de notre droit plutôt que l'image trop appuyée de notre vulnérabilité. »

Je ne me souviens plus de leur ordre d'apparition mais ont émergé les unes après les autres des associations de victimes, de la victimologie, des études de victimation, des cellules psychologiques sur les lieux d'un accident ou d'un crime et finalement une assistance aux audiences. Le vocabulaire professionnel inonde désormais les antennes, la littérature, et contamine jusqu'aux plaintes pénales. Mémoire traumatique, emprise, sidération. Nous ne lisons plus de plaintes au cours desquelles la victime impose un récit à la première personne. Nous lisons des plaintes à renfort de mots-valises, de distance, de surplomb, une disparation du « je » qui est peut-être la preuve du trauma mais que je déplore. Je ne parviens pas à me défaire, à chaque lecture, de l'idée que se faire voler ses mots revient à se faire voler son histoire.

Après l'évocation de la place, s'ensuit la question du statut, d'audiences qui étouffent sous la formule : « Madame a besoin d'être reconnue dans son statut de victime ». Plus rarement monsieur. Une formule toute plate, toute faite, toute vide, qui « assigne », ce qui est bien un terme juridique celui-là, à une nouvelle identité qui se voudrait pérenne et pourtant peu enviable. Est-ce qu'on est baptisé victime, décoré victime, est-ce qu'on obtient par voie de justice un diplôme de victime ? Faut-il des hommes en robe noire pour le déclarer ?

La justice suit le mouvement de la vie et, en de rares occasions, elle le précède. Donc aujourd'hui, on parle d'identité, d'identité de victime, d'identité victimaire. Les victimes ont besoin d'identité comme, il y a dix ans, elles avaient besoin de respect. Quand je prépare mes plaidoiries, l'expression convoquant le fameux statut ne m'effleure pas, plutôt crever que de l'utiliser. Je ne le jure quand même pas, c'est si vite arrivé un poncif.

Ce qui me préserve, c'est que je m'effraie souvent à l'idée que « le statut de victime », tant recherché, ne fasse qu'enfermer. Mais de quoi je me mêle ? Depuis que j'ai lu *C'est pour ton bien* – ce livre qu'Alice Miller a sous-titré *Racines de la violence dans l'éducation de l'enfant* pour dénoncer la brutalité éducative ordinaire, celle qui détruit le désir de vivre – je devrais me méfier de ce qui serait « bon pour elles ». Il n'est pas plus autorisé de se mêler de la souffrance que du reste, les gens en font bien ce qu'ils veulent ou ce qu'ils peuvent mais, si « je me mêle » malgré tout, c'est parce que j'en suis l'un des instruments.

Caroline Eliacheff est psychiatre, elle sait de quoi elle parle : « Si l'on considère que parler de son traumatisme a un effet thérapeutique, on ne sait pas apprécier les effets à long terme du fait que la terre entière ne puisse ignorer ce qui vous est arrivé. Si le but est de sortir du statut de victime, on a du mal à imaginer le processus qui va y conduire quand tout vous y ramène [...]. Pour certaines victimes, la voie est tout autre. Elle consiste à tirer parti activement de ce statut, qui devient une véritable identité, et à se réaliser socialement en se découvrant une énergie et des compétences qui ne se seraient peut-être jamais révélées. »

Ce statut, réclamé à cor et à cri, peut-être que seule la justice peut le conférer, ce qui conduit la victime à trop demander à l'institution, à l'agresseur. « Elle se transforme en une impitoyable machine de guerre de son malheur et risque d'étouffer dans son armure. » Je me mêle d'être l'armure. Ou d'être impitoyable. J'essaie de maintenir les victimes à leur place et, si j'étais psy, j'userais de la formule pour me faire payer, en espèces, de la main à la main, on ne peut pas militer à la fois pour les symboles et pour les virements. Lors d'une émission télévisée, j'ai entendu une jeune femme déplorer avoir payé son avocate 70 000 euros. Elle était mal tombée, il y a des incompétences chères et des femmes qui font payer aux autres. À l'opposé, des avocats se décarcassent « pour rien », ce qui me rappelle mes premières années quand les clients cherchaient un avocat « militant », une façon pudique de dire « gratuit ». Ma psy affirme que « le malheur ne confère aucun droit », c'est injuste, dégueulasse mais c'est comme ça, sinon c'est le non-sens qui se poursuit. Mon associée Clotilde me rapporte avoir entendu cette phrase de Simone Veil. La grande dame avait-elle la même psy que moi ? Elles ont bien fait de le marteler, le message est d'utilité publique.

Bref, en voilà des circonvolutions, des recours aux autres, pour dire comme c'est compliqué de réclamer à une femme brisée de payer. Elles disent que c'est payer deux fois. Que c'est la double peine, que c'est cher payé. Elles pensent qu'elles ne doivent plus rien. Parfois, elles demandent : *Pourquoi je paierais alors que j'ai été agressée ?* On est souvent pris de culpabilité, pas tout le temps et pas tous manifestement. Qui a raison ? La culpabilité n'est une solution pour personne. Payer ce qui est juste, c'est aussi remettre la vie au bon endroit. Je consacre du temps, réduis considérablement le montant de ce que je demande habituellement, c'est aussi là que je déploie mon féminisme, celui dont on me dit qu'il est trop ou pas assez. Comme les honoraires.

Elles se regroupent parfois, en collectif, en association, en amitié. Elles sont « les victimes » des attentats ou d'un serial violeur. Est-ce que ça aide d'être plusieurs ? Pour le soutien, je n'en sais rien, mais pour les preuves, c'est certain. C'est de cette manière que Pierre Pallardy, « l'ostéopathe des stars », a été condamné en 2013. Il était accusé par dix-neuf plaignantes de viols ou d'agressions sexuelles auxquels il fallait ajouter d'autres plaintes prescrites et reléguées au statut de témoins. Quand on y pense, ça ne doit pas être facile d'être le témoin de son viol, de devenir le témoin de l'autre, de l'autre viol. Un rôle altruiste jusqu'au bout, finalement très féminin. Je plaidais pour deux parties civiles, la première avait d'abord vu sa plainte classée sans suite. Elle était anglaise, parlait avec un accent chantant, n'avait été victime « que » d'une agression sexuelle, avait déposé plainte parce que « chez elle » ça ne se faisait pas d'agresser les femmes, « Vous savez, maître, c'est très particulier, quand je raconte les faits à mes amis anglais, ils sont offusqués, et ici tout le monde considère que ce n'est pas bien grave. » Ce n'est peut-être pas pour rien que la Grande-Bretagne est pleine de petits roux. Sa plainte avait été « ressortie » du placard lorsqu'une autre femme a dénoncé des faits similaires. Les policiers ont saisi l'agenda du praticien, ils ont appelé les patientes, elles sont devenues des plaignantes. Pas toutes. Il n'avait pas violé les bourgeoises venues le soutenir à l'audience pour attester que si elles n'avaient pas été violées, c'était bien la preuve qu'il ne violait personne. Sur les bancs de la cour d'assises, il y avait d'un côté les blondes platine en Pierre Cardin et de l'autre les brunes en jean. Quant à moi, je promets de réfléchir à ma fixation manifeste sur la couleur capillaire. J'ai plaidé qu'il aurait obtenu dix-neuf acquittements si les affaires avaient fait l'objet de dix-neuf procès séparés mais qu'il s'agissait ici de « paroles contre parole… contre parole… contre parole… contre parole… contre parole… » Il a été condamné.

Hélène Devynck me contredit dans ce livre qu'elle a bien nommé *Impunité*, elle y pointe les preuves impossibles à rapporter pour un crime qui se déroule dans un huis clos. Elle se demande si la justice doit les interpréter aussi strictement. « Dans notre affaire, si 23 femmes qui ne se connaissent pas et qui racontent à la justice le même comportement délinquant d'un homme, ça n'est pas une preuve, même pas un faisceau d'indices justifiant l'ouverture d'une instruction, qu'est-ce qui ferait une preuve suffisante ? »

Hélène Devynck est un peu mon Walt Whitman.

Elle replace donc le débat sur la question de « croire », à l'image de ces collages féministes qui fleurissent « on te croit », « on vous croit ». Je ne sais pas si je « crois » la parole des femmes, c'est difficilement compatible avec l'idée qu'elles sont des hommes comme les autres. Elles ne le sont d'ailleurs peut-être pas… Croire est difficilement conciliable avec haïr les généralités, avec être une femme de droit qui exige des preuves, avec la vérité judiciaire, cette vérité partielle, qui n'est prononcée que d'un endroit. Et qu'on ne me dise pas que c'est nécessaire de les croire pour être féministe. Le groupe est assez grand pour nous envelopper toutes. Simone de Beauvoir disait : « Nous sommes 4 000 », or, il semble que par un prompt renfort, nous soyons plus nombreuses aujourd'hui au port. J'ignore si l'hésitation sur la nécessité de croire fait de moi une femme devenue conciliante à mon insu, par un effet du vieillissement ou par la suite de mes multiples contradictions, voire encore par la force de cette génération qui pousse derrière et voit en Virginie Despentes une traîtresse à la cause, une militante qui ne serait plus « assez radicale ». Je veux bien être conciliante comme Virginie.

Sans les citoyens

Alice vient de lire l'article que j'ai publié dans le journal *Le Monde* sur ces parlementaires qui prétendent panthéoniser Gisèle Halimi. Ces hommes d'État font mine de réfléchir à mythifier l'avocate alors qu'ils détruisent le travail de sa vie : juger le viol comme un crime et non un simple délit. La plus haute assemblée entérine une loi aux termes de laquelle les viols ne seront plus traités par la cour d'assises mais par une nouvelle juridiction, sans jurés cette fois, qu'ils nomment « criminelle » pour sauver les apparences. Un coup de com qui piétine à la fois les idées et le cadavre. Ce que je déteste encore plus que la fabrication des icônes, c'est qu'on les instrumentalise. Mais pourquoi les construirait-on sinon ? Mona Chollet a raison : « Ce n'est jamais une bonne idée d'idéaliser un être humain ; c'est toujours un abandon de souveraineté. »

Alice m'envoie un SMS, « Ton article a fait ma journée », elle ajoute deux ou trois émojis et puis elle signe « kiss ». Je crois qu'elle adore que je déboulonne les statues sur le plan symbolique, puisque je passe ma vie à faire le contraire sur le plan pratique. Être avocat, c'est tâcher qu'on ne démolisse personne. Je ne déboulonne pas Gisèle Halimi, je ne la veux pas au Panthéon par respect pour elle. Elle n'aurait rien accepté de ceux qui la transforment en statue de sel. Je n'ai jamais vraiment su ce qu'elle pensait des honneurs, elle les défiait comme les autorités et les accueillait aussi. Je ne doute pas qu'elle aurait renoncé à celui-là. En surplomb de ses luttes, celles de l'Algérie, de l'avortement et du viol, il y avait les femmes. Elle avait d'ailleurs fondé avec Simone de Beauvoir une association bien nommée « Choisir, la cause des femmes ». Mais elle n'aimait pas particulièrement les femmes ni même les gens. Tout le monde le sait mais personne ne le dit, par crainte d'égratigner le mythe. C'est d'autant plus insensé qu'elle a voué sa vie à explorer la complexité humaine, ni noire ni blanche, et qu'elle-même n'échappait pas à la règle. Personne n'y coupe.

Panthéon ou pas, Halimi se retournerait dans sa tombe si elle voyait ce qu'on a fait de la cour d'assises, cette juridiction qui a pour vocation de juger les crimes, c'est-à-dire les infractions punies de plus de dix ans d'emprisonnement. Quand j'ai commencé à plaider, trois juges professionnels (un président et deux assesseurs) y siégeaient, accompagnés de neuf jurés en première instance et douze en appel. La société devait être riche à l'époque pour se payer autant de jurés. Ils donnaient l'apparence du sérieux, de l'attention portée à l'œuvre de justice. On se donnait la peine. Il faut dire que ces citoyens-juges sont un héritage de la Révolution, le symbole de la présence du peuple dans la formation du jugement, on voyait en beau et on visait le juste. À sa création, la cour fonctionnait sans juge professionnel, seuls douze citoyens-jurés siégeaient, avec cette vertu que leur conférait Montesquieu de lutter contre la tyrannie judiciaire.

Les professionnels sont apparus chemin faisant, parfois cantonnés au gré des réformes à statuer uniquement la peine, le jury décidant seul de la culpabilité. Aujourd'hui, la cour, dans son intégralité, statue sur le sort de l'accusé de bout en bout, sur sa culpabilité et la sanction qui doit lui être infligée. Le jury était considéré comme l'incarnation du peuple, ce qui conduisait la loi à conférer un caractère irrévocable aux décisions d'assises : elles étaient donc insusceptibles de recours. On pouvait faire appel des délits mais pas des crimes, c'est-à-dire d'une condamnation à une peine de six mois de sursis pour recel, mais pas d'une sentence de dix-huit ans pour meurtre.

Cela a changé en 2000. Le droit d'appel a été introduit et, pour multiplier les problèmes, la variation du nombre de jurés se dédouble dans les lois suivantes. En 2012, trois jurés disparaissent, une réforme réduisant leur nombre à six en première instance et à neuf en appel. Cette dernière n'aurait prétendument pas été fondée sur la rationalisation des coûts, on nous a expliqué que les délibérations fonctionneraient mieux ainsi. Un raisonnement évidemment contredit par le texte lui-même qui prévoit davantage de jurés en appel, la preuve que le législateur pense encore comme Montesquieu, à savoir que le nombre garantit la valeur.

Les jurés sont tirés au sort en début d'audience. Nous les choisissons parmi une cinquantaine de personnes dans la salle, politiquement actifs puisqu'ils sont tirés au sort sur les listes électorales. Nous en gardons six au terme d'un nouveau tirage au sort au cours duquel la défense peut en récuser quatre et l'accusation trois. Nous gardons les « comme nous », qui ont fait des études, qui travaillent, qui ont la gueule de l'emploi. L'esprit révolutionnaire ne résiste pas longtemps à l'entre-soi. Et, bien sûr, nous nous trompons dans notre choix. Quand il s'est levé en 1977 pour récuser la femme qui s'avançait, Robert Badinter ignorait qu'elle était une abolitionniste convaincue et une membre de la Ligue des droits de l'homme. L'avocat le racontera des années plus tard dans *L'Abolition.* Y a-t-il encore un jour où il n'y pense pas alors que son client, Patrick Henry, encourait la peine de mort ?

Libérée de ce risque infâme que quelqu'un puisse y laisser sa peau, je savoure l'avancée des jurés sur l'estrade des assises, le passage symbolique qui les transforme, leur prestation du fameux serment de l'article 304 du Code de procédure pénale qui exhorte à ne trahir ni les uns ni les autres. Je pense que personne ne devrait jamais jurer de rien mais, j'ignore pourquoi, je m'émeus à chaque serment. Probablement parce qu'on promet l'impossible. Comme l'amour, comme la folie. Que c'est illégal d'emblée, que c'est beau.

Lorsque notre profession s'inquiétait de la réforme qui suivrait celle qui venait de réduire à six le nombre de jurés, « on » nous assurait qu'on n'irait pas plus loin, que la cour d'assises était sacrée, qu'elle était « la vitrine de la justice » – ce qui n'est pas faux puisqu'elle se dégrade et s'appauvrit d'année en année. Aujourd'hui, ils sont… zéro, tiens, nous auraient-ils menti ? Ils l'ont faite, cette évolution, ils avaient pourtant juré, craché, la main sur le cœur qu'au grand jamais on ne supprimerait la présence du peuple français. Plus aucun risque d'affronter douze hommes en colère. Par souci d'économie, ils ont disloqué la cour d'assises et inventé des cours dites « criminelles » composées uniquement de magistrats professionnels.

Aujourd'hui, il n'y a plus de jurés pour juger les viols. Le législateur l'a dit autrement, bien sûr, il a fait mentir sa loi qu'il a écrite comme parlent les politiques, évoquant un seuil de peines et non une catégorie de crimes. L'article 380-16 du Code de procédure pénale dispose désormais que « les personnes majeures accusées d'un crime puni de quinze ans ou de vingt ans de réclusion criminelle, lorsqu'il n'est pas commis en état de récidive légale, sont jugées en premier ressort par la cour criminelle départementale ». Or, les crimes punis de quinze à vingt ans de prison sont les viols, quinze ans pour les viols « simples » et vingt ans pour les viols « aggravés », par exemple, par la minorité de la victime. Un seul autre crime est passible de cette cour au rabais : « Les violences ayant entraîné la mort sans intention de la donner. » Mais force est de constater que ces violences n'encombrent ni la société ni les assises puisque 90 % des dossiers traités par les cours criminelles sont des viols. On me passera donc l'abus de langage pour les 10 % restants lorsque j'insiste sur le fait que la cour criminelle est cantonnée aux viols.

C'est une réforme contre les femmes. Donc contre les Hommes, mais ici, on est bien obligé de distinguer le petit *h* du grand H. Ce n'est pas une réforme contre les hommes. Comment ne pas entendre que le viol est un petit crime, jugé par une petite composition, autrement dit un crime moins grave puisque les autres requièrent la présence de jurés ? Nicole Belloubet, alors garde des Sceaux, l'avait maladroitement admis en indiquant que les cours d'assises « resteront compétentes pour les crimes les plus graves, ceux punis de plus de vingt ans de prison, comme les meurtres et assassinats, ou ceux commis en récidive ». Comment faire passer une telle réforme ? Il fallait bien un panthéon pour pilule.

Les femmes ont lutté de longue date pour que le viol, qui a toujours été qualifié de crime dans la loi, soit effectivement traité comme tel. Il a fallu les procès historiques des années soixante-dix et la médiatisation qu'a pu en faire Gisèle Halimi pour que les juridictions (les juges, donc à l'époque, les hommes) acceptent de donner la véritable qualification aux faits. Auparavant, on parlait d'attentats à la pudeur, au mieux de violences. Le sexe était effacé. Jugés aux assises, les viols ont commencé à encombrer la juridiction comme ils encombrent la société : on ne sait pas quoi en faire et on ne sait pas quoi en penser.

Les juges ont donc inventé le concept de « correctionnalisation » qui ruinait le combat de la grande avocate. Ils écrivaient qu'il y avait une « pénétration sexuelle avec contrainte » mais que, pour « une bonne administration de la justice », les faits seraient requalifiés en agression sexuelle plutôt qu'en viol. Fin de la pénétration. Les faits étaient requalifiés en délit et jugés devant les tribunaux correctionnels, cela coûtait moins cher et allait plus vite qu'une cour d'assises, c'est ce qu'il fallait entendre par « bonne administration de la justice ». Ce n'était pas bon pour tout le monde. Concrètement, les magistrats demandaient aux femmes si elles acceptaient le principe de la requalification : « Si vous acceptez, votre agresseur sera jugé dans quatre mois, sinon, votre procès se tiendra dans deux ou trois ans. » Au moment où le juge prononçait cette phrase, trois ans s'étaient souvent déjà écoulés depuis le dépôt de plainte. On ne saurait mieux forcer un consentement. Elles acceptaient « contraintes », un pléonasme et un mot du viol, mais cela ne dérangeait personne.

Les femmes ont tonné, le monde a continué de tourner, l'argent de manquer, la situation est devenue intolérable, il fallait trouver une solution pour les viols. Le législateur a décidé de les cacher à ses jurés en créant lesdites cours criminelles. Le crime ne devrait plus être requalifié comme il l'était à l'époque d'Halimi, et comme il l'est resté dans la réalité, mais se voir disqualifié, un « petit crime » donc. Changer d'échelle ne masque pourtant pas la régression, pas plus que le Panthéon ne cache la forêt. Au moins, on ne devrait plus rien demander aux femmes, quitte à forcer un consentement, je préfère qu'on ne fasse pas semblant.

Les mois se sont écoulés, les cours criminelles se sont généralisées. Je n'ai pas compris lorsqu'un juge d'instruction m'a demandé si ma cliente acceptait la correctionnalisation du viol qu'elle a subi, il a parlé de « son viol » comme si elle en faisait bien ce qu'elle voulait, qu'il était à elle, alors qu'elle tentait précisément de s'en délester. N'était-il pas informé de la nouveauté ? Je comprendrais, comment être à jour des réformes qui se succèdent ? Il savait, bien sûr, « Mais, Maître, il n'y a pas assez de magistrats pour composer les cours criminelles »… alors que la France est pleine de jurés potentiels. J'ai envie d'écrire « retour à la case départ » puisque les viols vont continuer d'être correctionnalisés, mais ce serait masquer la régression : lorsqu'elles échapperont à la requalification à la baisse du crime dont elles ont été victimes, les femmes n'auront plus jamais droit aux assises. La loi ne leur dit pas qu'elles sont de « bonnes victimes », elle leur dit qu'elles en sont de petites.

Nous crevons des délais. Les victimes qui peinent à tourner la page, les auteurs qui croupissent en taule, les avocats qui finissent par rendre leur robe comme un tablier. Éric voulait plaider toutes les affaires en cours, mais il lui aurait fallu davantage qu'une réforme des retraites. Nous attendons que « justice passe », comme l'ange. Les vies sont suspendues. Peut-on se marier en attendant ? Peut-on faire un enfant ? Dira-t-on qu'il est utilitaire comme les « bébés médicaments » ? Qu'il est conçu pour infléchir les juges ? Est-on interdit de vivre avant d'être puni (ou pas) ? Est-on interdit de vivre avant d'être rétabli dans ses droits (ou pas) ? Plus personne n'ose appeler « temps » cette lenteur parsemée d'échéances qui fait perdre le sens, mais réviser son latin, *Dura lex, sed lex* – la loi est dure mais c'est la loi.

Soit nous attendons, soit nous sommes expédiés. Nous en sommes à quémander des délais raisonnables mais pas à tout prix, pas au point d'être dégradés, et personne ne dira qu'en matière de viol, la fin justifiait ce moyen, cette suppression du jury populaire. Les premières études sont sans appel : les procès sans jurés ne se tiendront pas plus vite en raison du manque de magistrats, l'institution n'a même plus les moyens de son absence d'ambition. Ce n'est plus une cour criminelle, c'est un gâchis.

Si les délais ne sont pas plus brefs, à qui profite donc le crime ? Pas au collectif. La société gagnerait à ce que des citoyens-jurés accèdent massivement à la réalité du viol. Ils en ont manifestement besoin puisque les Français croient encore majoritairement que lorsqu'une femme a été violée, c'est qu'elle n'a pas vraiment souhaité l'empêcher. Les quelques 20 000 jurés qui étaient tirés au sort chaque année rentraient le soir chez eux, bousculés par la journée vécue, et rapportaient à leurs proches que ce n'était pas si simple, le viol. Probablement que le débat sédimentait. Si l'avocat avait été bon, les jurés intervenaient dans les conversations qui suivaient, qu'ils interrompaient peut-être lorsque leur voisin évoquait une jupe trop courte : « Attendez une minute ». Ils témoignaient des dysfonctionnements, leur expérience infusait. Dupond-Moretti se définissait de cette manière-là, lorsqu'il était avocat, celui qui demandait simplement de ne pas aller trop vite, d'attendre juste un instant. Il n'attend plus dorénavant puisqu'il « fait » de la politique. Il a entériné cette loi dont il avait massacré l'idée lorsqu'il défendait vraiment les gens. Je voudrais tellement comprendre ce que le pouvoir fait aux convictions des hommes. Dupond me renverrait probablement dans mes cordes, est-ce que se contredire ne vaudrait pas aussi pour lui ?

L'économie de coûts est-elle la seule motivation de la réforme ? Peut-être s'agissait-il également d'éloigner les citoyens de cette pédagogie judiciaire ou de leur cacher l'état d'abandon dans lequel dépérit l'institution ?

Certains confrères me disent que je raconte n'importe quoi, que les jurés ne servent à rien, qu'ils ne maîtrisent ni le droit ni ses codes, qu'ils sont dominés, que je le sais bien puisque j'en ai la preuve à chaque session d'assises, sachant d'avance que la peine sera plus sévère sous la présidence de Mme Dupuy que de Mme Durand. C'est vrai. Et si les jurés n'étaient que symboliques ? Où serait le problème d'ajouter le symbole aux preuves ? Les jurés ne parviennent pas toujours à combattre l'autorité du président en robe rouge et pattes herminées et, quand ils échouent, ils doivent se sentir un rôle d'alibi démocratique. Comme les avocats. Cela ne les empêche pas de lutter ni de faire naître le débat dans la société. L'un de mes confrères, François Saint-Pierre, qui soutient bec et ongles la disparition des jurés, au point d'en écrire un livre, *Au nom du peuple français*, poursuit sa démonstration et me demande si je préfère remettre ma liberté entre les mains d'un juré tiré au sort ou d'un magistrat professionnel. Je n'ai pas pu répondre. Jusqu'à ce qu'on me pose cette question, je n'avais jamais préféré un magistrat à personne. Mais manifestement je crois, au moins un peu, à l'impartialité des juges. Et je fais confiance à l'intelligence du statut. Il est certain que je ne voudrais pas d'une cour uniquement composée de jurés, mais le système hybride me convient, encore une histoire de juste milieu.

Comme mon confrère est cultivé et tenace, que je le fais sourire avec ce juste milieu qui ne me ressemble en rien, il cite les *Souvenirs de la cour d'assises* d'André Gide : « Le juge interrogateur arrive avec une opinion déjà formée sur l'affaire dont le juré ne connaît encore rien. La manière dont le président pose les questions, dont il aide et favorise tel témoignage, fût-ce inconsciemment, dont au contraire il gêne et bouscule tel autre, a vite fait d'apprendre aux jurés quelle est son opinion personnelle. Combien il est difficile aux jurés (je parle des jurés de province) de ne pas tenir compte de l'opinion du président, soit (si le président leur est "sympathique") pour y conformer la leur, soit pour en prendre tout à coup le contrepied (...) Il m'a paru que les plaidoiries faisaient rarement, jamais peut-être (du moins dans les affaires que j'ai eues à juger), revenir les jurés sur leur impression première, de sorte qu'il serait à peine exagéré de dire qu'un juge habile peut faire du jury ce qu'il veut. »

Gide nous donne raison à tous les deux, à mon confrère sur la défaite des jurés, à moi sur le fait qu'ils témoignent dans la société.

Si je venais à être tirée au sort sur les listes électorales, surtout, récusez-moi. Je me souviens d'un « avis de passage » que m'avait remis un huissier du tribunal, mon nom était inscrit à l'endroit où je lis d'habitude celui du client, je redoutais d'être convoquée pour être jurée et ne pouvais plus dormir à cette idée. L'insomnie sonnait comme un verdict : je peux défendre mais je ne peux pas juger. En allant retirer l'acte au tribunal, c'était bien une convocation mais pour comparaître, une contravention routière, une histoire de permis non présenté. J'allais payer plutôt que juger, j'étais soulagée.

Mon confrère me dira que décidément je ne suis pas à une contradiction près : soutenir la pérennisation du jury et ne pas vouloir en être, c'est vraiment laisser le sale boulot aux autres. Je me sens comme la tour au jeu d'échecs, je passe d'un côté de la barre à l'opposé, des accusés aux parties civiles, mais l'estrade, je ne la franchis pas. Ils sont assez nombreux ceux qui rêvent de condamner.

Les jurés ne sont pas les seuls à disparaître, puisque la soustraction des hommes est un programme politique, les juges professionnels aussi se raréfient. En dehors de la cour d'assises, là où ils étaient en collégialité au tribunal correctionnel, trois pour juger des faits, il n'en reste qu'un pour la plupart des délits punis de moins de cinq ans d'emprisonnement tels que les vols, les menaces, les faux, les abandons de famille, mais aussi les violences conjugales quand elles ne sont pas aggravées par une autre circonstance (l'alcool ou la présence des enfants, par exemple). Un homme seul peut donc décider d'une peine de quatre années d'emprisonnement contre vous. Pas de contre-pouvoir, personne pour modérer. Mieux vaut bien tomber. Et s'il est formidable, puisqu'il existe plein de juges formidables, il me permettra de dire qu'en matière de symbole, l'audience perd en solennité devant ce juge seul, un peu perdu sur sa grande estrade, qui ressemble à un juge de proximité, de police, de rien. Ça ne dissuade pas bien de la deuxième claque à madame.

La justice contre les pauvres

Je pense que mes clientes ne me croient pas. Quand je leur dis que la justice tabasse les gens sans preuve, que les taules sont pleines de gars contre lesquels il n'existait qu'un faisceau d'indices, elles ne me répondent pas, par scepticisme et par politesse. Elles ne doutent pas qu'on emprisonne les trafiquants de stupéfiants et les voleurs de bas étage, mais que fait-on de ceux qui violent ? Là où elles ont raison, c'est qu'on les enferme moins quand il s'agit d'hommes blancs. Puisque ce sont eux qui jugent.

Alors, je leur raconte les audiences. Celles-là mêmes qui ont anéanti la scénariste qui m'avait retrouvée au tribunal, qui frappent les sociologues à leur en faire mal. Je leur parle de la présomption d'innocence, pas celle des gens médiatiques, celle de tous les autres et de tous les jours.

Alice me croit. Elle est prête à croire tout le monde pour sauver les gens. Elle trouve que les prévenus portent beau, ne se retient pas de le dire malgré le cliché, c'est comme si elle croyait en leur beauté. Je ne crois jamais personne, sans exception, défaut professionnel ou défaut tout court. Ils me jurent pourtant tous qu'ils disent la vérité. Les plus jeunes m'invectivent « sur la tête de moi, madame, je vous jure ! » et pour ceux qui n'osent pas, qui craignent peut-être pour la tête de soi, au moins ils me l'assurent. Et moi je réponds pardon, mais je m'en fous. Pardon, mais ce n'est pas mon job. Je défends les assassins, alors je peux bien défendre les menteurs.

L'un de mes premiers patrons admirait un peu trop les voyous. Il s'en défendait mal, c'était criant, il était probablement meilleur avocat pour eux que pour lui. Il assistait des gens qui avaient tué, escroqué, violé. Un jour il a refusé une défense, furieux, il a raccompagné le type à la porte de son cabinet, il lui aurait botté le cul s'il avait pu, il ne fallait pas exagérer. « Tu te rends compte, Laure, ce gars a triché au bac et il voudrait que je le défende ! »

En dépit de notre déontologie commune, nous objectons notre clause de conscience diversement : des avocats juifs défendent des nazis, des Noirs des suprémacistes blancs et il se dit que Marine Le Pen plaidait rudement bien contre l'expulsion des étrangers.

Moi, je me contente de faire ce que font les avocats, de défendre des hommes et des femmes, des agresseurs et des victimes. J'essaie de coller à ce vieux livre d'Albert Naud, *Les défendre tous*, véritable bible qui, signe des temps, n'est plus éditée. J'entends que je devrais choisir mon camp alors que j'exerce un métier qui réunit. Choisir un camp n'a jamais été une avancée. Il m'arrive donc de défendre des victimes, ce mot un peu sale, cette défense considérée comme facile, comme gagnée d'avance. Le grand écart avec ce que les victimes imaginent. Et je défends les agresseurs, personne ne comprend que nous y mettions notre honneur, qu'ils soient pour nous la veuve et l'orphelin. Jean-Denis Bredin définissait superbement le métier dans *Le Nouvel Observateur* en 1976 : « Être présent aux côtés de tous, et même du pire d'entre nous, surtout du pire d'entre nous, qui n'a plus rien, ni foi, ni conscience, ni droit, ni ami, ni juge, quand la haine et la colère l'emportent à la mort. Être avocat, messieurs qui ne défendent jamais, sans doute, que des veuves et des orphelins, ce n'est pas justifier, ce n'est même pas excuser. C'est interdire à la haine d'être présente à l'audience. » Il aurait pu conclure à la façon de Dickens, plus pragmatique : « S'il n'y avait pas de mauvais gens, il n'y aurait pas de bons avocats. »

Lorsqu'ils comparaissent dans leur cage de verre en audience dite de « comparution immédiate », ces hommes qui puent après trois jours à transpirer en garde à vue, n'ont ni le temps ni les ressources de revendiquer une quelconque présomption d'innocence. Ils ont subi des auditions de plusieurs heures sans que celles-ci ne leur permettent de comprendre l'étendue et le fondement de ce qui leur est reproché car la plainte ne leur est pas lue, pas plus que les témoignages qui sont évoqués seulement en opposition, « Le témoin ne dit pas cela, monsieur. » Mais qu'a déclaré le témoin ? Le gardé à vue l'ignore. Évoquer « la présomption d'innocence » quand des gens sont jugés dans ces conditions, arrivent menottés, s'expriment entre deux gendarmes derrière un box de verre qui les enferme, c'est mentir déjà, ce qui ajoute encore au sentiment que les individus ont de vivre une situation qui n'a pas de sens. Leur dire qu'on postule leur innocence, c'est se moquer d'eux. C'est se moquer des juges aussi, car c'est ne faire aucun cas des biais qui nous traversent : les études établissent qu'on prononce une peine de prison bien plus facilement à l'encontre d'un homme en cage que d'un homme libre. Or, qui enferme-t-on ?

L'Observatoire international des prisons a publié un croquis intitulé *Du tribunal à la prison* mettant en exergue que les SDF et les personnes nées à l'étranger ont cinq fois plus de risques d'être placées en détention provisoire que les Français ou ceux qui bénéficient d'un logement, et qu'elles ont aussi trois fois plus de chances d'être jugées en comparution immédiate et huit fois plus d'être condamnées à de la prison ferme.

Je pense qu'il faut le répéter : pour une même infraction, les personnes nées à l'étranger ou Sans Domicile Fixe ont huit fois plus de risques d'être condamnées à de la prison ferme que celles qui disposent d'un domicile ou qui sont nées en France.

Qui s'insurge de leur présomption de culpabilité ?

Étonnamment, on parle beaucoup plus de la présomption d'innocence de PPDA ou de Hulot que de celle de monsieur personne.

Moi qui milite pour une justice humaine, qui écris un livre sur le drame de la déshumanisation de l'institution, j'entends que l'Intelligence artificielle, celle qui nous guette et contre laquelle je m'offusque déjà, annulerait le biais racial puisqu'il serait interdit d'entrer cette donnée dans la machine. Les Noirs seraient moins condamnés aux États-Unis si elle était utilisée. C'était plus facile pour moi de la combattre sans le savoir.

Les yeux novices n'y croient pas mais il suffit de passer une journée dans une salle d'audience pour remarquer qui sont les punis. Alice n'en était pas revenue, elle bataillait contre sa conscience et la volonté de refouler ce qui apparaît pourtant clairement : la violence qu'autorise la disparité des mondes. Je n'avais pas lu Foucault avant de plaider mes premières affaires, il faut dire que l'apprentissage des 300 000 règles codifiées que nul n'est censé ignorer laisse peu de place pour le reste. Le spectacle se répétait chaque jour, ces Noirs qu'on incarcérait et ces Blancs qu'on comprenait. Je l'éprouvais de la même façon que l'a vécu Alice lorsqu'elle m'a balancé son sac en quittant l'audience. Mais j'en refusais le sens. Et puis, comme pour les choses de la vie, un jour j'ai été rattrapée par la vérité (ou par Foucault) et j'ai souffert devant cette « guerre civile » que se livrent les groupes sociaux entre eux, cette « guerre des riches contre les pauvres » qui cible le criminel, cet « ennemi social » comme le nomme le philosophe dans *La Société punitive*.

Je refuse encore le mot « guerre », bien que je résiste chaque jour dans ma robe d'avocate aux côtés de ceux dont on maintient la tête sous l'eau. Mais à quoi résiste-t-on si ce n'est à l'oppression ?

Ce système est devant moi depuis des années, les puissants qui écrasent les faibles, qui utilisent la prison comme seul mode répressif, comme « tactique pénale », dirait Foucault. Il a donc fallu des auteurs pour me valider. Et encore.

Les magistrats ont rarement vécu sans papiers, dans des squats, sans boulot, avec des parents maltraitants ou été victimes d'être trop basanés, ils ne sont pas arrêtés dans la rue pour décliner leur identité, ils n'ont que peu expérimenté dans leur corps les raisons qui font germer l'acte délinquant. Des raisons d'injustice précisément. Cela questionne la possibilité de leur impartialité, laquelle, selon Sartre, est « une impartialité de classe » qui sied à « une justice bourgeoise ». Cela interroge aussi l'altérité, à quel point elle est possible quand il est question de juger. On se souvient de Brigitte Bardot incarnant Dominique Marceau dans *La Vérité*, le film d'Henri-Georges Clouzot. Qu'avait-elle à voir avec ses juges, cette jeune femme aux prises autant avec la passion qu'avec le désir d'en réchapper ? On l'entend invectiver la cour d'assises devant laquelle elle répond du meurtre de son amant : « Vous êtes là, déguisés, ridicules, vous voulez juger mais vous n'avez jamais vécu, jamais aimé, c'est pour ça que vous me détestez, vous êtes tous morts, morts ! »

Bardot faisait face à de vieux juges, ceux que Platon chérissait pour connaître l'injustice alors qu'elle en aurait préféré des capables de comprendre la folie furieuse. Pour ma part, j'hésite entre Platon et Bardot. Qui pour juger alors ? J'affectionne la formule d'un ancien président de la Cour de cassation, selon lequel « le juge est un praticien de l'idéal », de ces règles auxquelles les individus sont tenus, tous de la même manière indépendamment de leurs conditions de vie et, contrairement aux illusions, sans considération du fait que certaines catégories sociales seront amenées à les briser plus que d'autres. L'inintelligibilité de la loi vient en surplomb, rappelant qu'elle est créée par ceux qui parlent latin, les mêmes qui en répondront le moins, elle le dit d'emblée aux autres souches.

Robert Badinter n'évoquait pas d'autre motif lorsqu'il soutenait l'abolition de la peine de mort devant l'Assemblée nationale en 1981. Lui aussi relevait les chiffres des minorités. Il faisait d'abord appel aux États-Unis, à ce pourcentage inconsidéré de personnes noires condamnées à mort. « Et pour un homme de justice, quel vertige ! » Il emportait l'adhésion de l'auditoire et enchaînait sur la situation française qui – était-ce une surprise pour les députés ? – n'était pas tellement différente.

Il égrenait le nombre de condamnations à mort sur notre territoire : 25 % touchaient les étrangers qui ne représentaient que 8 % de la population. Sur les neuf dernières exécutions, il recensait quatre étrangers, dont trois Maghrébins. « Leurs crimes étaient-ils plus odieux que les autres ou bien paraissaient-ils plus graves parce que leurs auteurs, à cet instant, faisaient secrètement horreur ? C'est une interrogation, ce n'est qu'une interrogation, mais elle est si pressante et si lancinante que seule l'abolition peut mettre fin à une interrogation qui nous interpelle avec tant de cruauté (…). »

C'est ainsi que fut supprimé l'article « Tout condamné à mort aura la tête tranchée », remplacé par « La peine de mort est abolie ».

Badinter a substitué un alexandrin par un octosyllabe et l'abolition est passée.

Je ne sais pas pour le droit mais la poésie, elle, résiste encore.

Les têtes n'ont plus été tranchées mais les Maghrébins ont continué d'être condamnés.

Ni le temps ni l'expérience, pas même la lecture de Badinter, n'agissent sur la dissociation que j'éprouve toujours et qui me fait tomber des nues chaque fois devant la représentation de ce que nous vivons. Je n'en revenais donc pas de lire la restitution qu'a pu faire Didier Fassin de deux affaires qu'il a vu se succéder lors d'une même audience. La première met en scène un homme noir accusé de rébellion (c'est-à-dire d'avoir résisté à son arrestation par des policiers) et condamné à de l'emprisonnement ferme pour ce délit a priori des moins graves qu'on puisse commettre. Il repart menotté en prison dès le prononcé du jugement. À la suivante, un étudiant blanc est accusé d'agressions sexuelles aggravées, une infraction des plus graves devant un tribunal correctionnel, mais il n'est condamné qu'à une peine entièrement assortie du sursis. Il ne mettra pas les pieds dans une cellule.

L'auteur commente l'apparente indifférence dans laquelle se déroule la scène. Personne ne trouve à redire devant cette inégalité de traitement. Nous serions habitués. Me soupçonne-t-il d'indifférence aussi ? Aurait-il tort ? Je suis tous les jours témoin de ces audiences mais je demeure sidérée de le lire aussi clairement formulé, sans animosité, sous la forme d'un constat.

Aucune de mes clientes ne relit mon texte mais je les imagine pointer du doigt le passage, me demander si rien d'autre ne me frappe, si la différence des condamnations de l'homme noir et de l'étudiant blanc n'évoquerait pas plutôt la question du traitement des agressions sexuelles, considérées comme moins graves qu'une rébellion. Ce n'est pas ce que relevait Fassin, qui restait focalisé sur la façon dont la répression s'abat sur un auteur et non sur un type d'infraction. Mais pourquoi éluder la question ?

Lorsque *Punir* est paru en 2017, #MeToo n'avait pas encore bousculé les violences sexuelles. Les tribunaux condamnent autrement désormais, dans leur appréhension et leur quantum. Mais si Fassin reprenait son observation, il pourrait persister et signer : ils ne condamnent pas moins les étrangers ou les déclassés. Et pour ce qui concerne l'appréhension des violences sexuelles, s'il faut se réjouir du tournant, des mesures, même si elles ne sont encore que des demi-mesures et des consciences, même si elles ne sont encore que des demi-consciences, il demeure qu'enfermer davantage les hommes n'a jamais été un remède pour une société.

Je pense à Alice, au moment où elle m'a retrouvée au tribunal, à cette première question qu'elle m'avait posée : « Pourquoi la juge interrogeait le prévenu sur ce ton-là ? » Elle avait cherché des réponses dans des livres et m'avait mis celui de Fassin entre les mains. J'y découvre une troisième scène. Pourquoi ai-je besoin de les lire alors que je les vis ? On y retrouve une présidente « ennuyée d'avoir dû prononcer une peine de prison ferme faute d'alternative », bien que les alternatives existent toujours dans la loi, « Elle ne semble elle-même pas convaincue de l'efficacité de son verdict, elle n'ignore pas que l'incarcération va l'isoler, lui faire perdre son emploi, le soustraire à sa vie familiale, à ses responsabilités. La juge procède à une forme de routine judiciaire. » Cette routine frappe dès les premières minutes des audiences qui débutent toutes par l'annonce des jugements rendus dans des affaires précédemment mises en délibéré. Le président appelle les prévenus les uns après les autres, annonce les décisions à la chaîne, regarde difficilement celui qu'il condamne, les yeux rivés sur ses feuilles rédigées il y a plusieurs semaines et dont il ne se souvient plus, ici prison ferme, là avec sursis et donc avertissement oral précisant de quoi il s'agit : si une nouvelle condamnation intervient dans les cinq ans, la peine de sursis s'ajoutera à la peine prononcée pour les nouveaux faits. Le juge s'empresse de l'énoncer car son audience est chargée, les délibérés qui prennent le plus de temps sont ceux qui ordonnent un mandat de dépôt, c'est-à-dire un emprisonnement immédiat, la police ou la gendarmerie a préalablement été appelée, leurs représentants sont dans la salle, l'homme entend à peine la décision qu'il est encerclé, menotté, parfois le juge lâche : « Bon courage, monsieur » et personne ne sait quoi en penser.

Souvent, on se dit qu'un bracelet de surveillance électronique aurait suffi, qu'ils ne sont pas réservés uniquement à Fillon et à Sarkozy. Pourquoi les cols blancs les porteraient-ils mieux que les trafiquants de stupéfiants ? Ce bracelet sera-t-il l'outil qui désengorgera les prisons ou celui qui nous surveillera davantage ? On peut craindre que l'histoire judiciaire, qui procède pour elle-même comme avec ses jugements, se répète et que ce soit la seconde possibilité qui l'emporte. Elle fait jurisprudence. Du haut de ses soixante-cinq ans de barreau, Henri Leclerc en a fait l'expérience. Cet avocat mythique adore raconter la funeste histoire du contrôle judiciaire. Jusqu'en 1970, les personnes mises en examen (à l'époque, on disait « inculpées », le mot a été changé pour garantir la présomption d'innocence et depuis ça n'a fait qu'empirer) étaient soit laissées libres soit placées en détention provisoire (à l'époque, on disait « détention préventive » mais quelqu'un a dû imaginer qu'il était nécessaire de changer de vocable, d'organiser un grand nombre de commissions et réunions de travail, de batailler, de négocier pour finalement passer de « préventive » à « provisoire »). Avant le jugement, la liberté était consacrée comme un principe dans la loi et dans les faits. Cela n'empêchait pas les prisons d'être surpeuplées. Pour les désengorger, le législateur a offert aux juges la possibilité d'astreindre les personnes mises en examen à des mesures de contrainte plutôt que de les emprisonner. C'était la naissance du contrôle judiciaire. Plusieurs obligations ou interdictions étaient prescrites, elles n'ont fait que se multiplier : ne pas rencontrer la victime, ne pas se rendre dans telle région, ne pas fréquenter des débits de boissons, émarger dans un commissariat, suivre des soins, justifier d'un emploi, etc. Si le mis en examen enfreint l'une d'elles, il est incarcéré. Henri Leclerc finit toujours son histoire dans un sourire désespéré : finalement, les individus n'ont pas été moins emprisonnés mais plus personne ne s'est trouvé tout simplement libre.

Est-on bien certain que le bracelet, présenté lui aussi comme une alternative à l'incarcération, ne remplacera pas le sursis plutôt que l'emprisonnement ferme ?

Si je crains toujours, comme une peur archaïque, de me faire arrêter et d'être victime d'une erreur judiciaire, mon esprit ne s'égare plus au point de redouter que cette cabale puisse aller jusqu'à m'enfermer. La prison, ce n'est pas pour moi. J'ai des parents profs, j'ai toujours su que j'aurais le baccalauréat, ce n'était pas une question. J'imagine que le principe est le même pour ceux qui ont la prison comme possible horizon. C'est un fait, certaines catégories sociales sont davantage déterminées à devoir répondre devant la justice. Est-ce une excuse ? Certainement pas au sens du droit, les excuses sont limitativement énumérées par le fameux article 122-1 et les suivants du Code pénal : « L'irresponsabilité pour cause psychiatrique ou en raison d'un fait justificatif comme la légitime défense ou l'état de nécessité », c'est-à-dire le droit de voler une pomme si on crève de faim. Mais pas dans les poubelles. Jusqu'en 2015, les tribunaux punissaient le vol (mais de qui ?) des fruits que Monoprix, ou autres grandes surfaces, jetaient. Parfois, un employé déversait du liquide toxique sur la nourriture abandonnée pour empoisonner celui que le malheur avait frappé au point de grappiller les déchets. Que faisaient les praticiens de l'idéal ? Ils appliquaient ce droit qui prévoit des excuses légales mais, parmi elles, aucune relative aux conditions de vie délabrée. Le droit s'évertue à régler la société, pas les destinées. Il en disait long sur la force de l'appropriation individuelle, même les choses jetées devaient demeurer siennes.

Il n'y a pas un jour où l'on ne se dit pas que la justice s'en fout. Et probablement qu'on se trompe, que c'est plus compliqué que ça. Mais quand même, il n'y a pas un jour où l'on ne se dit pas qu'ils enferment à tour de bras et que ça ne leur fait ni chaud ni froid. Puisqu'ils ne veulent voir aucune des raisons véritables pour lesquelles ils condamnent, c'est bien qu'ils s'en foutent. Ou alors, c'est le contraire, c'est parce qu'ils savent trop bien qu'ils ne pourraient pas faire leur métier s'ils regardaient la vérité en face qu'on enferme les pauvres, ceux à la place desquels on oublie qu'on aurait pu être. Barack Obama tente de s'en souvenir. Un article du *New York Times* raconte la première visite du Président américain dans un établissement pénitentiaire. Lorsqu'on lui demande ce qui l'a le plus marqué, il convoque ses conversations avec les détenus : « Quand ils décrivent leur jeunesse et leur enfance, ce sont des gens qui ont fait des erreurs qui ne sont pas très différentes des erreurs que j'ai faites et que beaucoup d'entre vous ont faites. La différence, c'est qu'ils n'ont pas eu les structures de soutien, les deuxièmes chances, les ressources qui leur auraient permis de dépasser ces erreurs. » Sur la question de ce qui distingue un président d'un prisonnier, il conclut : « *There but for the Grace of God.* » Une expression anglaise généralement traduite par « Ç'aurait pu être moi. » Un brin plus poétique et la phrase aurait été attribuée à Hugo. Est-ce qu'on jugerait autrement si on l'inscrivait en préambule des jugements ? Est-ce qu'on approcherait une certaine altérité au moment de décider ?

Fassin explique cette disparition de la reconnaissance de l'autre dans l'acte de juger : « Entre celui qui juge et celui qui est jugé (...) s'institue une distance radicale, qui est toujours morale, puisqu'il y a crime, mais souvent aussi sociale, quand le suspect ou l'accusé est d'un autre milieu et d'une autre origine. Cette altérisation est ce qui autorise la condescendance, l'inflexibilité, parfois même la cruauté. C'est elle qui permet le moment punitif. »

La question de la catégorie sociale ne serait-elle pas légitime à être débattue dans une salle d'audience sans être uniquement perçue comme un mode de défense ? Les réponses encombrent-elles l'endroit, inadaptées, trop évidentes ? Surtout, elles ont le défaut de nous éloigner de cet objectif unique de la justice : caractériser une infraction. « Vous avez saisi ce sachet contenant de la cocaïne ? Vous alliez le revendre ? Par ces motifs, X s'est rendu coupable de l'infraction de trafic de stupéfiants. » Affaire suivante.

C'est ainsi que s'entassent en prison ceux qu'on appelle les « mules », qui traversent le monde après avoir ingéré des boulettes de stupéfiants. On les appelle les « bouletteux » aussi. Bref, pas des gens. Ils meurent si une capsule de came explose à l'intérieur d'eux. Il faut vraiment penser que sa vie ne vaut rien pour accepter. Ce n'est pas la position du juge qui l'évalue généralement à deux ans d'enfermement.

Parmi les pauvres, les hommes représentent 90 % des condamnés. Rien qui ne motive pourtant pour interroger la masculinité. Qui pose la question en audience ? Qui s'interroge tout court ? Elle n'est questionnée que dans son rapport aux femmes, et encore, par les femmes principalement. Parce qu'elles ne veulent plus mourir sous les coups et dénoncent les violences conjugales qui s'abattent sur elles. Mais qui pense la violence qu'il y a entre eux, contre eux, leur violence point barre ? À l'exception de quelques rares intellectuels qui se sont intéressés à la question, on serait curieux de savoir ce qu'en disent les politiques. Quelles mesures prennent-ils, ne serait-ce que pour débattre ? C'est joli quand on y pense, dé-battre, peut-être qu'ils arrêteraient de cogner.

On rit, probablement nerveusement, quand on entend un avocat citer ce parfait aphorisme « Ouvrez des écoles et vous fermerez des prisons » attribué faussement à Hugo, dans une œuvre ou une autre, la citation est apocryphe. Les juges ont le sentiment de l'avoir toujours entendue depuis le XIXe siècle, ils estiment peut-être aussi que l'idée est datée, qu'elle évoque une époque où seule la bourgeoisie accédait à l'éducation, que l'école remplit son rôle désormais. Les avocats à la mémoire plus exercée convoquent un poème, bien de la main de Victor Hugo celui-là, *Écrit après la visite d'un bagne*, qui évoque clairement une responsabilité collective, celle qui me fait parler de complicité de tous :

Je dis qu'ils ont le droit, du fond de leur misère,
De se tourner vers vous, à qui le jour sourit,
Et de vous demander compte de leur esprit ;
Je dis qu'ils étaient l'homme et qu'on en fit la brute ;
Je dis que je nous blâme et que je plains leur chute ;
Je dis que ce sont eux qui sont les dépouillés ;
Je dis que les forfaits dont ils se sont souillés
Ont pour point de départ ce qui n'est pas leur faute ;
Pouvaient-ils s'éclairer du flambeau qu'on leur ôte ?
Ils sont les malheureux et non les ennemis.
Le premier crime fut sur eux-mêmes commis ;
On a de la pensée éteint en eux la flamme :
Et la société leur a volé leur âme.

La tâche de juger deviendrait-elle trop difficile au regard du flambeau qu'on leur ôte ? Rejoindrait-elle ces « métiers impossibles » énumérés par Freud, gouverner, éduquer, analyser ? Je l'ignore, je constate juste qu'aucune fleur n'est faite à ceux qui trinquent, on leur explique plutôt que les juger comme les autres, c'est les respecter, la preuve même de leur inclusion dans notre société. Jolie théorie. Mauvaise pratique.

Comment se défendre alors ?

À coups de circonstances atténuantes ?

Impossible. Les circonstances atténuantes sont comme les fourmis de dix-huit mètres avec un chapeau sur la tête, « Ça n'existe pas ».

Pas une série télévisée, pas un film sans que l'avocate ne conseille pourtant de « plaider coupable » avec pour stratégie d'obtenir ces « circonstances atténuantes ». Les professionnels bondissent devant leur écran, lesdites circonstances ont été supprimées depuis 1992. L'idée vagabonde toujours dans nos textes, vague et optionnelle, « La juridiction prononce les peines et fixe leur régime en fonction des circonstances de l'infraction et de la personnalité de son auteur » (article 132-24 du Code pénal). Voilà comment je me retrouve à lire des jugements sur lesquels il est inscrit qu'il « a été tenu compte de la personnalité » de mon client pour le condamner à deux ans d'emprisonnement sans que je parvienne à comprendre s'il aurait écopé de plus ou de moins sans cela. Sa personnalité était-elle suffisamment bonne pour infléchir la peine ou suffisamment mauvaise pour l'augmenter ? Le jugement laisse planer le doute. Je me souviens de Françoise, une avocate que j'adorais, avec qui j'étais partie en week-end, nous avions rendu visite à sa vieille tante qui ressemblait à l'une de ces Triplettes de Belleville, vieille et courbée, le comique en moins, ou peut-être avait-elle l'allure d'Olive, la femme de Popeye, un brin surréaliste, « qui n'existe pas » comme la fourmi de dix-huit mètres. Elle déployait un air inadapté, les épaules tombées et les rides trop creusées pour n'être que vieilles, je l'observais jusque dans ses plis. Si mon cerveau reconstitue son personnage en bande dessinée, c'est probablement à cause de la scène suivante. En la regardant s'en aller dégingandée, Françoise avait murmuré : « On pourra dire ce qu'on veut de moi, mais j'ai quand même une famille circonstance atténuante. »

J'entends souvent la défense de l'avocat caricaturée, qui se fonderait sur l'enfance malheureuse, la maman méchante et le papa pervers. Une enfance qui est écoutée en cour d'assises avec des moyens adéquats, une enquêtrice de personnalité, un expert psychologue, un psychiatre, des témoins, mais finalement comme l'alibi d'une justice démocratique : personne ne veut vraiment l'entendre. Pis, la justice inverse les conséquences et les causes. L'alcool, par exemple, est érigé par la loi en une circonstance aggravante (parce que les circonstances aggravantes, elles, n'ont pas été supprimées). Les faits commis en état d'alcoolémie sont donc plus sévèrement punis mais, dans la réalité, l'étudiant qui se bagarre en état d'ébriété bénéficiera d'une forme d'excuse tandis que celui que la vie a conduit à boire pour la supporter aura sa peine aggravée. Nos catégories sociales tolèrent l'alcool mondain, ce remède au mal de vivre qui touche à la fois la salle d'audience et l'estrade. À la manière d'une règle d'éloquence, il dresse des ponts de compréhension pour se rendre audible. C'est pour cette raison que l'avocat introduit souvent son propos par la formule : « Il ne s'agit pas d'excuser mais d'expliquer. » S'il excusait d'emblée, il perdrait toutes capacités d'écoute. D'ailleurs, il n'excuse jamais.

Si l'on entend bien ce qui est dit, cela signifie que personne, pas même lui, n'est là pour excuser, on est tous pareils, on n'excuse rien. Une fois que l'avocat a posé clairement cette base, que même lui, le défenseur, le dernier rempart, n'excuse rien, les juges peuvent l'écouter bavasser, il est sans conséquence. L'avocat s'appliquerait-il à lui-même une forme de principe de précaution ? Une petite censure ?

C'est ce que constate Geoffroy de Lagasnerie dans *Juger* : la répétition de l'acte de juger « installe le dispositif pénal dans une sorte d'immunité face à la critique ». Même les avocats les plus puissants se soumettent aux précautions oratoires, posent des questions avec des mots soigneusement choisis, les déclinent parfois à l'imparfait du subjonctif. Ils adoucissent les moindres critiques envers l'État, commencent leur plaidoirie ou leur contre-interrogatoire comme on apprend à faire de la pédagogie : d'abord, ils félicitent. Ils ont « rarement vu un président tenir aussi bien son audience » avec « permettez-moi de le dire, une parfaite maîtrise du dossier » et souvent, flatté même s'il connaît la supercherie, le juge refrène un sourire mais n'ouvre pas suffisamment son bec pour laisser tomber son fromage. Ni sa proie.

Seule la procédure peut faire l'objet de contestations sans retenues, de requêtes en nullité, ce n'est personne « la procédure », elle n'est pas susceptible. Pour les policiers et les juges, c'est plus délicat. On est dans un tribunal et la réalité se cache. On joue la vie des gens. Mais poliment. À la première tentative de critique d'un comportement policier, le juge coupe le prévenu : « Vous insinuez que les policiers mentent, c'est ça ? » Personne ne peut répondre « C'est ça » sans le payer très cher alors que, parfois, c'est ça. Seulement, la conception du système pénal par la plupart des juges a pour conséquence d'étendre leur corporatisme aux policiers. Mais pas aux avocats. Les faits divers ne manquent pourtant pas. On souffre devant les vidéos sur les réseaux qui montrent des policiers matraquer des badauds, la preuve que de tous les côtés, les gens sont épuisés avant soixante-quatre ans. On se souvient aussi de l'affaire du producteur Michel Zecler qu'on ne peut malheureusement pas raconter sans préciser qu'il est noir, « de type africain », écrit le monde judiciaire pour atténuer. Selon le rapport des forces de l'ordre, l'homme les aurait « entraînés de force dans un bâtiment ». Or, la vidéosurveillance montre les fonctionnaires le brutaliser d'emblée, le pousser à l'intérieur de son studio pour le tabasser aux termes d'images insoutenables. La version de la victime était sauve grâce aux preuves. Aucun juge ne l'aurait crue sinon. Mais depuis, rien n'a changé. En juin 2023, les policiers ont rédigé un rapport manifestement faux après que l'un d'eux a tiré sur le jeune Nahel lors d'un contrôle routier à Nanterre. La possibilité du racisme dans l'institution, de la violence dans l'institution, est inaudible même au cas particulier et elle ne peut être dénoncée sans se retourner contre celui qui parle. Mes clientes doivent se trouver moins seules, la justice s'abat sur les hommes aussi. Il existe bien sûr des exceptions d'écoute qui confirment la règle mais, plutôt que de chercher des solutions, on débat pour savoir s'il est permis de parler de « violences policières », c'est-à-dire systémiques, ou pas. Comme si des violences de policiers étaient admissibles.

Les juges choisissent un autre type de précaution oratoire qu'ils adressent aux justiciables : « Nous jugeons, certes, les faits, mais nous les jugeons à l'aune de votre personnalité », ce que les avocats traduisent dans leur plaidoirie par « Vous ne jugez pas des faits, mais un homme ». « À l'aune de votre personnalité » est annoncé comme « à décharge », si vous nous expliquez qu'il y a des choses à sauver en vous, nous serons peut-être grand prince. Les magistrats le concèdent du bout des lèvres, l'affichent comme l'aumône, ressort de leur pouvoir ou de leur bon plaisir, alors que c'est la loi. Mais comment jauger une personnalité à l'aune de rien ? Puisque la justice se pense suffisante, qu'elle exclut toute aide, tout recours aux autres sciences, qu'elle ne travaille qu'avec pour seul objectif de caractériser une infraction, comment faire le tour de quelqu'un ? Et pourquoi ? Les enquêtes affichent un psy et un médecin, elles peuvent dire que le prévenu est bien portant et mesure un mètre quatre-vingts. Il y a ici quelque chose de semblable à poser un diagnostic médical avant d'envisager un traitement. Mais que penserait-on du médecin qui refuserait de prendre en considération l'endroit insalubre dans lequel vivrait son patient, qui ne considérerait pas la possibilité d'une intoxication au plomb ? De la leptospirose (cette maladie transmise par les rats) s'il s'agissait d'un détenu des prisons françaises ? Un médecin qui traiterait son patient sans tableau clinique complet ? Il existe, bien sûr, des juges remarquables, qui résistent aux biais, aux institutions, et qui s'intéressent aux hommes qu'ils jugent. Il existe des juges que la justice n'a pas réussi à défaire. Des juges qui ne font pas ce qu'on leur demande.

Ne pas faire ce qu'on nous demande, c'est peut-être une autre définition de l'avocat. Au seuil de sa mission, le défenseur s'oppose à la routine qui fait sombrer comme le sommeil. Nous réclamons d'écouter « avec patience » selon le mot de Hugo devant le Sénat lorsqu'il prit la parole pour solliciter l'amnistie des communards, exhortons « d'attendre une minute » comme Dupond-Moretti, endossons un rôle de brèche devant la pente facile, d'enrayement de la machine, le temps de la réflexion, de la distance, de dire que ce n'est pas si simple que l'apparence le laisse penser. Mais c'est peut-être le corollaire d'une justice humaine. S'il y a des hommes, il y a des habitudes.

Nous sommes parfois réduits au rôle d'alibi pour qu'ils cognent : « Monsieur, vous avez déclaré le contraire en garde à vue alors que vous étiez assisté d'un avocat à ce moment-là. » (Vous étiez peut-être terrorisé dans cette cellule qui puait la pisse, vous n'aviez pas mangé, pas dormi, vous étiez entouré de gens qui hurlaient, mais enfin, il y avait bien quelqu'un assis à côté de vous lors de votre audition ?) Quand les juges prononcent des phrases comme celle-là, avec détachement, en omettant la réalité de la parenthèse, sa violence qu'ils ne considèrent plus et nous non plus d'ailleurs, la routine a définitivement pris le dessus.

L'habitude masque la vérité, sa recherche et sa question. Lorsque nous demandons qu'il soit pris du recul, de la distance, nous tentons d'agrandir la vérité, raison pour laquelle nous convoquons la sociologie, la psychologie, la société, la famille, la culture ou son absence. Évidemment, on nous renvoie que c'est un moyen de défense. Alors que c'est un moyen de vérité « parce que aucun homme n'est totalement responsable », disait Robert Badinter lors de son discours sur l'abolition. Nietzsche le disait avant lui. Mais on est là pour « caractériser une infraction ».

Le jour où la justice parlera des vraies choses, des vraies causes, des crimes dans leur totalité, des individus dans leur entièreté, sans recours ni à la fiction ni au mythe, les avocats pourront cesser avec la rhétorique et affirmer clairement que lorsqu'on explique le cheminement d'un acte dans un processus pénal dont la finalité est de condamner, c'est bien pour l'excuser. Excuser, ce n'est pas absoudre, réduire à néant, c'est dire qu'il y a une part qu'on ne comprend pas. Et donc qu'il faut en tirer les conséquences. À quoi ça sert sinon ? À quoi ça sert de comprendre si on ne condamne pas à une peine moins forte ? On peut condamner et en même temps restituer sa part à la société, dire qu'elle n'y est pas pour rien, que c'est un peu à cause de nous, tout ça. Ce serait peut-être le début de la réconciliation, de l'acceptation de la peine pour celui qui la reçoit ? Un juste « partage » ? Car c'est un peu à cause de nous si 95 % des meurtres sont commis par des personnes qui appartiennent aux couches populaires. On entend les racistes formuler la statistique autrement, bien sûr, c'est plus facile que de prendre sa part. Ils ne sont pas toujours mécontents néanmoins puisque, globalement, les pauvres se tuent entre eux. Pendant ce temps-là, j'imagine que beaucoup se posent la question de savoir s'il faut nommer les gens « Noirs » ou « personnes de couleur », probablement que ce sont les mêmes qui ont potassé pour changer « tribunal de grande instance » en « tribunal judiciaire », « détention préventive » en « provisoire », « inculpation » en « mise en examen », « sursis avec mise à l'épreuve » en « sursis probatoire ». On paie quand même des gens à ne rien foutre.

« Dire que ça pourrait être un beau métier… sans les clients. »

Alice a une préférence pour les faibles, ce n'est pas là son originalité, qui ne soutiendrait pas David contre Goliath ? Elle situe les malheureux dans le box des accusés, c'est ici que se loge sa singularité. Ou son expérience naissante. Il faudrait n'avoir jamais mis les pieds dans un tribunal pour penser que l'institution choie ceux qu'elle incrimine. Elle qui disqualifie son langage, quelle langue userait-elle face au justiciable si elle devait juger ? Je voudrais savoir s'il existe un temps, comme les dates de péremption, au terme duquel l'interlocuteur ne vaut plus. Alice serait un parfait baromètre pour cette expérimentation.

Je gage qu'elle serait douce les six premiers mois. Et puis après ? Incarnerait-elle « ceux qui savent » et portent la robe qu'il faut, son vocabulaire calquerait-il l'endroit, accusant les différences sociales, abandonnant l'argot qui fait barricade ? Que laisserait-elle faire en assurant que c'est à son corps défendant ? Franchirait-elle les portiques de sa démarche chaloupée ou se raidirait-elle comme la justice ? Je ne le saurai jamais, elle préférerait crever que de juger.

Une fois monté sur l'estrade, dès lors qu'on n'est plus sur le même plan, à la même hauteur, interroge-t-on nécessairement avec verticalité, sans penser utile de se faire comprendre ? Les questions des magistrats désarçonnent : « Voulez-vous comparaître volontairement ? » ; « Vous constituez-vous partie civile ? » Le justiciable se trouve incapable de réagir, comme le malade imaginaire devant le médecin de Molière qui diagnostique « l'intempérie du parenchyme splénique ». Difficile de ne pas avoir l'air coupable.

Il m'est arrivé d'interroger des médecins sur telle pathologie que j'avais contractée, tel traitement qu'ils m'administraient et de m'entendre répondre que si je voulais en savoir davantage, « Il fallait faire médecine, madame ». Je me suis indignée chaque fois, j'ai l'indignation facile, quasiment en réflexe, j'en connais le diagnostic, c'est un symptôme d'avocat. Je dois à l'honnêteté de dire que je ne m'indignais pas toujours à voix haute, je sais trop que le pouvoir reste entre les mains de celui qui surplombe. Une vraie scène de justice.

Et comme je ne vaux pas toujours mieux, cette réponse me donne parfois des idées pour faire taire, moi aussi, mes clients trop curieux. Après tout, le bavard, le baveux, c'est moi. Ils n'avaient qu'à « *faire avocat* » eux aussi, c'est plus facile que médecine. Je déplore à l'occasion, comme ce défenseur du personnage incarné par Brigitte Bardot dans *La Vérité*, cette *Petite Femelle* de Philippe Jaenada qui m'a décidément marquée, « Dire que ça pourrait être un beau métier... sans les clients. » C'est-à-dire sans la peur, la crainte, la vraie vie, ses heurts émotifs, ses enjeux qui nous fragilisent. J'imagine que les médecins, eux aussi, préfèrent quand nous sommes anesthésiés. Travailler en silence, en musique, pour la beauté du geste et c'est tout, sans l'enfer des autres. Est-ce que les magistrats préfèrent juger sur dossier ? Pas ceux qui aiment les gens. Ni ceux qui les détestent.

La majorité d'entre eux reconnaissent la difficulté de l'épreuve qu'ils infligent, ils le confessent sans le vouloir quand ils lancent au justiciable « Votre avocat vous expliquera », parant à l'incompréhension de celui qui lui présente un visage ébahi. La réplique varie, oscille entre passé et présent, « Votre avocat a dû vous expliquer », renvoyant le défenseur au rôle de celui qui parfait, pallie, supplée ou assiste la parole judiciaire. J'entends parfois le client protester, il n'a pas compris, ce qui conduit le juge à me prendre à partie : « Je ne peux pas croire que Maître Heinich ne vous ait pas expliqué. » Ce que je lui rends bien. Je peux rarement croire ce que j'entends.

Il demeure des moments de grâce, d'autres types de Brigitte Bardot dans le box des accusés. Je garde le souvenir d'une audience de comparution immédiate où le président égrenait la dizaine de condamnations inscrites sur le casier judiciaire de celui qui comparaissait. Il finit par lui lancer : « Cette chambre correctionnelle vous a jugé de nombreuses fois depuis dix ans, et d'ailleurs il est arrivé que ce soit déjà moi le président. » « Ce qui prouve que vous n'avez pas eu de promotion », a rétorqué l'inconscient qui ne savait manifestement résister à aucune mise en danger. Ou à aucun trait d'humour. Les psys auraient probablement décrit ce pitre comme « intolérant à la frustration », je le lis dans toutes leurs expertises et m'y reconnais tellement mais comme je ne suis (encore) accusée de rien, mon entourage se contente de moquer ma réactivité ou mon impatience. Cette bienveillance ferait long feu si j'étais soupçonnée.

On explore en vain l'histoire judiciaire en quête de « bons accusés ». Lesquels ont su se défendre ? Ni Dreyfus, ni Ranucci, ni Omar Raddad, ni Patrick Dils. Ni même Patrick Henry dont la tête n'est restée attachée qu'à la faveur d'une plaidoirie.

Badinter l'a même transformée en plaidoyer contre le droit de couper un homme en deux. Mahomet lui-même semble se défendre piteusement. Peut-être Pierre Goldman avait-il trouvé la solution, condamné pour un hold-up sanglant, lorsqu'il a publié son histoire du fond de sa prison avant d'être jugé à nouveau et acquitté. C'était, comme toujours, une question de récit, de capacité à se faire entendre.

Quand l'accusé avoue, on le blâme de n'en avoir pas dit assez et quand il n'avoue pas, on ne cherche qu'à le faire avouer. Un juge d'instruction que j'adorais expliquait aux mis en examen que la justice, c'était un peu *Astérix en Corse* : à la question « Elle te plaît pas, ma sœur ? », on se fait massacrer quoiqu'on réponde.

Ce juge leur demandait ensuite de retracer le passage à l'acte, ses détails, ses instants, ces moments qui ont précisément été rendus possibles par l'interruption de la pensée. Personne ne peut répondre mais la justice, et pas seulement celle des Corses, ne tolère pas le vide. Alors les gens répondent pour combler mais, parce qu'ils sont incapables de décrire ce cheminement qui leur a échappé, ils échouent à la satisfaire. Et parfois, puisqu'ils inventent un peu pour plaire, un souvenir ici et une repentance là, ils se contredisent. À ce moment, ils donnent à l'institution ce qu'elle cherche, car elle traque le moindre mensonge, c'est son mode d'enquête. Elle confère à la survenance d'une dissimulation la force d'une preuve, comme si le moindre artifice était incompatible avec la vérité judiciaire, sa binarité, sa simplicité. Un mensonge = un coupable.

L'essentiel de ce qui compte se réduit à la matérialité des faits : « L'avez-vous frappé au ventre ? Je ne vous demande pas l'état dans lequel vous étiez ni vos raisons inconscientes, je vous demande seulement si vous l'avez frappé à cet endroit. L'avez-vous fait à cinq reprises ? Monsieur, contentez-vous de répondre à la question, un point c'est tout. »

La question n'est pas totalement franche, elle est faussée puisque le juge, qui n'a pas manqué de se reporter aux constatations médicales, connaît la réponse, à cinq reprises effectivement, trois plaies très profondes et les deux autres moins.

Les juges d'instruction et les policiers commencent à penser qu'ils pourraient se passer d'interroger les hommes, qu'ils ne nous apprennent rien puisqu'on a l'ADN, les écoutes, les surveillances, les géolocalisations, les fadettes, les comptes bancaires. Ils imaginent peut-être, dans cet idéal où la justice se passe des êtres, qu'il n'y a plus rien à défendre quand il n'y a plus rien à prouver. Alors que c'est là que mon métier commence. Il est loin le temps de Louis XIV, quand l'interrogatoire de l'accusé primait, « Cette occasion principalement que le juge, par sa prudence et son autorité, pouvait découvrir la vérité et pénétrer dans les déguisements d'un criminel » selon l'Ordonnance de 1670.

Nous avons rarement le même avis, mes associées et moi. Quand je trouve quelqu'un convaincant, elles pensent parfois l'inverse. « Vraiment, tu crois qu'il n'est pas bien passé à l'audience ? » « Passer », comme s'il s'agissait d'un concours ou d'une prestation à la télévision. Ceux que nous défendons s'échinent à donner à la justice ce qu'elle réclame, s'excuser, être contrit, le ressentir mais pas seulement, le faire « passer », être bon acteur en somme. Leur application est mise en échec par le double langage institutionnel : l'exigence de la repentance et l'acharnement à donner au mal un visage. C'est pour cette raison absurde que l'obtention de la première n'altère en rien l'incarnation du diable. Est-ce la lumière ou la noirceur que les jurés cherchent dans les yeux des accusés dont ils ne se détachent pas ? Ce serait plus simple si les criminels n'avaient pas des yeux comme les autres. Mais ils sont « courtois », « bons pères », « travailleurs », ils « dépannent » et sont « souriants ». C'est ainsi que les décrivent les voisins, les témoins. Ils sont comme tout le monde. C'est gentil un délinquant. Mais la justice nie cette cohabitation des possibles, tentant de faire croire que le mal a toujours été présent, que le « monstre » était tapi et avait constitué cet être dès l'origine. Les enquêtes ne fouillent pas les poubelles mais remontent jusqu'aux cours de récré, elles retrouvent des avertissements scolaires et des zéros pointés. Les présidents d'assises s'en emparent. « Il y a trente ans quand vous étiez en 6e 4 au collège Jacques-Prévert, monsieur, que s'est-il passé pour que vous soyez sermonné ? » Quelque chose résiste à la complexité, la faute à la nécessité du « monstre », « psychopathe », « prédateur », fruste, différent, sans altérité possible, disqualifié du registre de l'humanité. Les qualificatifs nous rassurent : tout était joué d'avance, dès le départ et de manière irréversible, sans rapport ni avec nous ni avec la société. Le champ est libre pour réprimer. C'est ce qui a permis à l'avocat général de requérir la peine de mort contre Patrick Henry en 1977 : « On se prend à douter qu'un tel être puisse encore porter le beau nom d'homme. »

Chaque fois que j'entre en prison, dans l'une de celles où PPDA n'ira pas, j'ai le sentiment de pénétrer dans un zoo, une sensation dont je comprends rapidement que les responsables ne sont pas ceux qu'on traite comme des animaux. Il s'agit d'un enclos, volontairement construit à l'extérieur de ce qui constitue la vie en société. Ce n'est pas pour rien qu'on parle du « monde carcéral », de « l'univers carcéral », les références à l'animalité se multiplient, la cage, le gardien, l'attribution de chiffres comme identité, un « numéro d'écrou » qu'on aurait pu appeler verrou, des matelas au sol sans lit pour plus de 2 000 personnes. C'est là qu'in fine la justice déshumanise les siens. Les murs moisis, la cohabitation, les 3 mètres carrés pour vivre, l'enfermement 22 heures sur 24, la promenade avec un grillage à la place du ciel, les cafards qui parcourent les corps la nuit, les rats qui pullulent. Le découragement. Je suis sûre qu'ils se découragent, les animaux dans les zoos, vient un moment où ils renoncent.

Mais les femmes peut-être pas. Dans son livre, *L'Université de Rebibbia*, dans lequel elle retrace son séjour en prison, Goliarda Sapienza envisage qu'elles puissent moins souffrir de l'emprisonnement puisqu'elles sont conditionnées, une vie de femme c'est être enfermée.

J'ai le droit de voir l'animal, le juge a tamponné mon « permis de communiquer » que je montre une première fois à l'entrée de la maison d'arrêt, une deuxième fois quelques mètres plus loin, mon nom est noté sur un grand cahier à la main, je l'exhibe pour la troisième fois, nom consigné sur un ordinateur cette fois, le quatrième barrage est souvent le dernier, devant des grilles évidemment, je vais enfin pouvoir rendre visite à cet homme soupçonné d'avoir « commis des escroqueries ». En traversant le couloir, j'entends des hurlements que je suis incapable de localiser, à droite, à gauche, à l'étage, ils semblent venir de partout. « Mon » détenu arrive, je l'appelle « monsieur », je les appelle toujours « monsieur », comme un titre, je prononce le mot au moins autant de fois que j'ai dû montrer mon permis, j'en fais des tonnes avec ce mot en espérant qu'il recouvre la moisissure des murs de la prison. Je me souviens que l'évêque appelait Jean Valjean de cette façon et que « le visage de l'homme s'illuminait, monsieur à un forçat, c'est un verre d'eau à un naufragé de La Méduse ». Il m'appelle Laure et me tutoie. Tout le monde m'appelle Laure maintenant, le directeur juridique d'une grosse boîte comme le trafiquant de stupéfiants. C'était bien la peine de travailler des années pour qu'on m'appelle « Maître ».

Je n'ai vu que des gens se détériorer en prison. L'explication serait physiologique.

Vingt-deux heures par jour, au fond de leur cellule, les sons impossibles à identifier ont des impacts que je n'avais pas soupçonnés. J'avais été interloquée, c'est tout. Mais la porte des cellules sépare le son de l'image et les détenus qui entendent ces bruits ne peuvent pas confirmer visuellement leur provenance. Cette privation sensorielle a un impact cognitif : leur cerveau perd cette capacité d'harmonisation et de synchronisation des perceptions. « L'expérience montre que lorsqu'un individu sain et équilibré est placé en isolement total, au bout d'un moment, il va souffrir d'hallucinations », explique Didier Vernay dans un entretien à l'Observatoire international des prisons. « Plongé dans le noir complet, il finira par avoir des flashs lumineux. Le cerveau doit fabriquer des images, des sensations, il en a besoin (…) sensibles à tous les stimuli, ils ont des phases de microsommeil. Ils [les détenus] deviennent hypersensoriels et ont peur de tout. »

L'enfermement les rend malades.

On en avait pourtant décidé autrement depuis Louis XIV, même le répressif Colbert avait fait voter l'article 1 du chapitre sur les prisons de son Ordonnance pénale qui affirme ceci : « Voulons que les prisons soient sûres, et disposées en sorte que la santé des prisonniers n'en puisse être incommodée. » C'était peut-être l'époque des faux-semblants, des trahisons, des Mazarin et autres Fouquet. Et donc des vœux pieux.

Dans son livre *Fresnes, histoires de fous*, Catherine Herszberg décrit en chiffres ce qui attend les hommes après leur détention : « À la sortie de prison, le risque pour les 15-35 ans d'une mort par overdose est multiplié par 120 par rapport à la population générale, par 270 pour les 35-54 ans. Ces derniers ont, en outre, 14 fois plus de risques de mourir d'une cirrhose. Et même si on exclut overdoses et cirrhoses, le risque pour tous de mourir une fois dehors est 3,4 fois plus élevé que dans la population générale au même âge. »

Il faudrait peut-être ajouter ces risques quand on prononce des peines d'emprisonnement. Et penser à les expliquer aux rageux pour qu'ils comprennent qu'aller jusqu'au bout de sa peine, c'est bien au-delà du chiffre.

Quand les politiques dégradent la justice

Alice tombe des nues à l'idée que j'envisage de voter Macron au second tour des présidentielles. Après tout ce dont j'ai été témoin aux premières loges. Après avoir assuré le contraire. À croire que mes promesses ne valent pas plus que les leurs. Elle interroge à peine ma récidive, aurait préféré que je la taise, n'avait rien demandé, encore moins la vérité, toute la vérité ni de jurer. Son air de grand sage est chahuté par la haine à peine voilée, qu'on appelle « politique politicienne » pour mal la nommer. Elle vacille, m'envoie un émoji effrayé dont je confonds la tête avec la sienne, une sorte de Bouddha des temps modernes. Je préfère l'imaginer « dépitée », ce petit mot que j'affectionne. Dépité, on en revient toujours. Je balaie l'idée qu'elle soit consternée, qu'elle se dise que je capitule devant les urnes. Et donc devant les hommes.

Elle reste inflexible, manifestement plus que moi, on l'aura peut-être mais on ne la récupérera pas. Je me réfugie dans mes contradictions. Elles finiront par avoir bon dos.

Comme pour la société, le bonheur, le progrès, on ne peut pas déterminer clairement à quel moment la justice a régressé, s'est égarée. D'ailleurs, il y en a pour se réjouir que l'institution se résume à condamner, peut-être les mêmes qui placent le bonheur dans le fait de consommer.

Les hommes politiques enchaînent les déclarations d'intention sécuritaires qui visent souvent les juges, taxés de laxisme. J'adore pourtant leur trouver des défauts mais je n'ai encore jamais croisé un juge laxiste. J'ai souri en lisant la réponse du juge Portelli à ces attaques, « moins de 10 % des cambriolages sont élucidés, le laxisme est donc policier… »

Lorsqu'ils ne s'en prennent pas aux juges, qui restent des électeurs, les hommes politiques s'en prennent aux lois, jamais assez répressives, coupables idéales.

Nicolas Sarkozy était fier de sa formule à propos de l'ordonnance de 1945 régissant le droit des mineurs qu'il proposait de réformer au motif que « les mineurs de 1945 ne sont plus ceux de 2000 ».

Les électeurs pouvaient se laisser convaincre que des règles adoptées cinquante ans auparavant n'étaient plus adaptées. Le chef d'État omettait de préciser que cette ordonnance avait été modifiée, amendée un nombre incalculable de fois, y compris sous sa propre présidence. La vérité ne comptait pas, il s'agissait d'apparaître répressif pour glaner quelques voix, peu importait que ce fût au mépris des droits de l'enfant. Pour reprendre la formule de Caroline Éliacheff et Daniel Soulez Larivière dans *Le Temps des victimes*, « On ne protégera plus les enfants, on s'en protégera » et on bannira le terme devenu trop compassionnel. On les appellera « mineurs ».

Suivant son mentor, en campagne pour la primaire des Républicains en 2021, Xavier Bertrand promettait une peine de prison automatique d'au moins un an, sans jugement (il réglait de cette façon les problèmes liés aux coûts des magistrats et à la lenteur de la justice), pour ceux qui s'étaient (se seraient ?) attaqués aux forces de l'ordre. L'homme politique avait parfaitement conscience de l'inconstitutionnalité de son projet contraire au principe de l'individualisation des peines qu'il n'aurait, de fait, jamais pu soumettre. Mais il le martelait, se réjouissant qu'aucun acquittement ne pourrait plus survenir : non seulement il n'était plus question de cette présomption d'innocence qui fait tant débat mais il n'était plus question d'innocence du tout. Plus d'innocent, plus d'erreur. On parviendrait peut-être enfin à cette simplification de la justice tant recherchée.

Xavier Bertrand n'était pas le premier de cordée sur la crête des propositions illégales, François Fillon avait déjà déclaré à propos du voile intégral qu'il fallait prendre « le risque de l'inconstitutionnalité », un risque « assumé » par Nicolas Sarkozy et Emmanuel Macron comme si leur propre jugement – la formule appropriée serait plutôt « leur propre chef » – les autorisait à déroger à une garantie supérieure. Je pense à tous les petits délinquants que je défends, qui prennent le risque de la loi, à qui le juge explique qu'il ne le faut pas. Jusqu'ici, « les sages » du Conseil constitutionnel censurent, au nom de l'adverbe prétendument le plus long de la langue française, des lois dont personne n'aurait pu raisonnablement imaginer qu'elles puissent même lui être soumises. « Anticonstitutionnellement. » Quel président finira par faire céder le dernier rempart que socle notre Constitution, cette « gardienne des promesses », qui détient en son préambule *La Déclaration des droits de l'homme et du citoyen* et son article le plus célèbre : « Les hommes naissent et demeurent libres et égaux en droit » ? Décidément, les règles excellent en mensonge, ou en faiblesse, la déclaration le confesse dès l'alinéa suivant qui corrige l'idéal du premier : « Les distinctions sociales ne peuvent être fondées que sur l'utilité commune. » Les hommes seront restés égaux le temps d'une phrase.

Rien ne semble faire obstacle à la surenchère, pas même les propres écarts de ceux qui vocifèrent. On se souvient de vidéos déterrées par des internautes où l'on entendait François Fillon (ultérieurement condamné à quatre ans de prison dont trois avec sursis dans une affaire d'emplois fictifs) et Patrick Balkany (ultérieurement condamné à quatre ans de prison dont un avec sursis pour fraude fiscale) faire part de la prétendue incompréhension des Français devant les remises de peines et s'insurger de l'existence de libérations prématurées sous condition. Ils agitaient les esprits par de faux problèmes, fantasmes et contrevérités, puisque 7 % seulement des détenus bénéficient d'un aménagement de peine… parmi lesquels celle de Balkany.

Or, le scandale sécuritaire, c'est précisément qu'ils soient si peu car les statistiques et autres études sont unanimes : un détenu récidive moins s'il a bénéficié d'un aménagement de peine, c'est-à-dire d'une remise en liberté anticipée, que ce soit par le biais d'une surveillance électronique (un bracelet à la cheville), d'une semi-liberté (vivre sa journée à l'air libre et revenir passer sa nuit en prison), d'un placement à l'extérieur (travailler dans une structure particulière) ou encore d'un suivi par un juge d'application des peines qui contrôle le respect des obligations prononcées (travail, soins, paiement des dommages-intérêts, etc...) et des interdictions (se rendre dans des débits de boissons, dans une région donnée, entrer en contact avec, etc.). Outre que cela tombe sous le sens (on se désinsère moins si on reste inséré), il s'agit d'un fait très largement documenté.

Christiane Taubira est l'une des rares gardes des Sceaux à avoir tenté de tenir ce discours et a été la cible de ses adversaires politiques selon lesquels elle « viderait les prisons ». Son prétendu laxisme ne résiste néanmoins pas aux statistiques : le nombre de détenus n'a même pas un peu diminué sous son ministère...

Sans le soutien de son propre parti, sans moyens octroyés à son office, elle n'a pas pu proposer de lois qui fassent sens, à l'exception de la suppression des peines planchers (des peines minimales automatiques en cas de récidive) dont les études ont montré qu'elles n'avaient aucune conséquence positive sur le comportement des individus et la réitération de leurs actes. En dépit des évidences et des chiffres, les députés demandent le rétablissement de ces peines planchers neuf ans plus tard (proposition de loi déposée à l'heure de la rédaction de cet ouvrage). Soit leur idéologie n'est pas convaincue par des preuves, soit leur proposition n'est que marketing. La réponse fait peu de place au doute.

Pourquoi, en dépit de la contre-productivité du système, les élus veulent-ils à tout prix que les détenus effectuent leur peine intégralement (et dans des endroits insalubres, cela aussi est très important) pour se retrouver en « sortie sèche », du jour au lendemain, sans avoir pu renouer avec leur famille, sans travail, sans stage, sans projet préalablement élaboré ?

« La peine consiste donc essentiellement dans une réaction passionnelle (...) », en dehors de la raison, écrivait Émile Durkheim, ce que n'ignore pas le candidat qui emploie le langage adéquat, celui repéré par Cécile Alduy dans *La Langue de Zemmour* : « Susciter des émotions viscérales, le rire et la peur, avec dans les deux cas, un seul but : court-circuiter la pensée (...). La syntaxe vaut preuve : l'indicatif, mode du réel et des faits avérés, domine (...). Il pose une langue qui nous habitue au pire, à voir des races plutôt que des hommes, des étrangers plutôt que des enfants, des ennemis plutôt que des concitoyens. » Des délinquants à punir plutôt que des hommes à réinsérer. Les lois républicaines servent parfois de vernis social à la jouissance de voir souffrir l'autre, à la loi du talion.

Dès l'ouverture de *Surveiller ou Punir*, Foucault interroge ce que nous ressentirions si la peine était restée ce spectacle visible des suppliciés sur la place publique. « Aujourd'hui les punitions sont immédiatement moins physiques. Il y a une certaine discrétion dans l'art de faire souffrir, un jeu de douleurs plus subtiles, plus feutrées et dépouillées de leur faste visible (...). Et pourtant un fait est là : a disparu le corps comme cible majeure de la répression pénale. » Le philosophe y décèle « un changement d'objectif : puisque ce n'est plus le corps, c'est l'âme ». Mais qui s'effraie ou se réjouit, qui même constate seulement les détériorations des cerveaux marqués par l'enfermement ? Faut-il rappeler, en dehors de tout altruisme, que ces hommes « ressortiront un jour » et que nous aurions intérêt à ce qu'ils soient le moins cabossés possible ?

Pourrait-on transmettre la réalité des données à nos dirigeants pour qu'ils cessent de relier l'enfermement à la sûreté publique ? Ils n'en ignorent évidemment rien mais n'ont pour objectif ni la sécurité ni la vérité. Tout cède face à la volonté de pouvoir, même les preuves. Ce n'est pourtant pas cela, gouverner. Je rappelle Bredin au secours, peut-être pour sa crédibilité d'académicien et sa tribune écrite après l'enlèvement et le meurtre d'un garçon de sept ans qui a fait trembler le pays, « La France a peur », annonçait le présentateur à l'ouverture du journal télévisé. Les responsables politiques rejoignaient l'opinion publique, le garde des Sceaux réclamait une justice « exemplaire », en « trois ou quatre mois » et le ministre de l'Intérieur déclarait : « Si j'étais juré, je me prononcerais pour la peine de mort. » La même phrase entendue du meurtrier lui-même, Patrick Henry, quand il n'était que témoin et non suspect, que l'enfant n'était pas découvert et gisait sous le lit d'une chambre d'hôtel. Le peuple s'accordait, y compris son propre père, face caméra, affirmant qu'il voterait sans hésiter pour que son fils soit tué. On tremble en écoutant ce père dont Françoise, mon amie avocate, concéderait qu'il dépasse la caricature d'une « famille circonstance atténuante ». Il n'y avait que Badinter pour remuer le ciel et le sauver. Puis la plume de Bredin. « La colère des victimes est légitime. Et aucun d'entre nous ne sait ce que, plongé dans la même souffrance, il dirait et il ferait (...). Que ces deux ministres d'État (...) hurlent avec les loups, cela ne se comprend ni ne s'excuse. Gouverner, ce n'est pas recueillir, pour y trouver profit, la peur qui nous fait perdre raison, la haine qui nous rend incapables de vraie justice. Gouverner, ce n'est pas nous flatter ni nous ressembler quand nous devenons médiocres. »

Les hommes politiques sont comme tous les accusés, on ne peut pas les supporter jusqu'à ce qu'on les défende. Il faudrait que je demande à ma consœur Jacqueline Laffont si ça marche aussi pour Nicolas Sarkozy.

C'est plus facile avec François Ruffin.

Benjamin me téléphone, fort comme dix avocats à lui tout seul, il pense qu'on ne serait quand même pas trop de deux pour défendre Ruffin. Il lui souffle mon nom, je croise les doigts, je l'ai découvert à travers ses films, *Debout les femmes, J'veux du soleil* et *Merci patron !*, Ruffin est député comme on est avocat, totalement, qui ne voudrait pas le défendre ? Je connais l'histoire qui le conduit devant les tribunaux, sérieuse et burlesque comme lui.

Entre 2013 et 2016, le groupe leader de l'industrie du luxe LVMH a infiltré et fait espionner *Fakir*, un journal fâché avec tout le monde ou presque, indépendant donc, confectionné principalement par une somme de bénévoles ainsi que par sa principale figure, François Ruffin, qui n'était pas encore le député que l'on connaît. La petite équipe prévoyait de s'inviter dans une assemblée générale pour interpeller Bernard Arnault. Craignant les agissements de ce « groupuscule » joyeusement revendicatif, armé de T-shirts et de tongs à l'effigie du grand patron, le groupe de luxe a employé les moyens forts. Ceux que l'on condamne. En réponse au folklore qui s'annonçait, la société s'armait, elle, de l'ancien directeur du renseignement intérieur, d'un expert en terrorisme, d'une société d'intelligence économique et d'anciens policiers pour espionner les agissements de l'organe de presse. Les professionnels semblant moins doués que les amateurs, ils se sont fait prendre. Certains ont été mis en examen mais pas le grand patron ni la société-mère.

LVMH s'en est sortie autrement qu'en étant ternie. Mais blanchie ? Telle est la question. Le groupe a bénéficié d'une CJIP. Ne vous inquiétez pas, on a fait la même tête que vous et on ne le prononce pas mieux. Sans l'acronyme, il s'agit d'une « Convention judiciaire d'intérêt public » créée par la loi dite Loi Sapin 2 en 2016. On peut en lire la promotion sur le site du ministère de la Justice : « La CJIP constitue un dispositif transactionnel permettant un traitement efficace et rapide des procédures ouvertes contre des personnes morales (les groupements qui ont la personnalité juridique). » Cette procédure permet au procureur de la République de conclure un accord qui sera ensuite validé par un juge, les personnes morales reconnaissent leur responsabilité mais, à la différence des vrais gens quand ils bénéficient de ce type de procédures, elles ne sont pas reconnues coupables, ce qui pourrait ressembler à un exploit d'avocat mais n'est qu'un exploit de la loi. Initialement réservée à des faits de corruption internationale difficilement solubles dans un délai raisonnable en raison notamment de conflits de lois étrangères, la CJIP s'applique aujourd'hui à tous les délits « connexes », autrement dit... à tous les délits.

Il s'agit d'un principe qui fonctionne très bien en matière de restriction des libertés notamment, selon lequel on (fait croire qu'on) met en application une loi uniquement pour des infractions restreintes et, une fois qu'elle est passée, on étend discrètement son périmètre. Les textes subsistent : après avoir profité des tempêtes, ils exploitent l'état de faiblesse. Entrés par effraction, ils intègrent le « droit commun ». Ils sont comme ces vieux traumas qui ne s'évanouissent pas et défont cette idée de la justice que Victor Hugo définissait en ces termes : « La justice est la gardienne de tout le monde et n'est la servante de personne (...) elle laisse les tribunaux d'exception et, quand ils ont fini, elle commence. Alors elle change de nom et s'appelle la clémence. » Demeurerait-elle l'obligée de quelques-uns quand même ?

L'accord proposé à LVMH regroupait deux affaires, l'une à l'encontre de dirigeants d'Hermès pour des faits susceptibles d'être qualifiés de trafic d'influence et de compromission et l'autre au préjudice de François Ruffin, et prévoyait le paiement par le groupe de luxe d'une amende envers l'État (mais sans être condamnée donc) fixée à 10 millions d'euros, ce qui, si on le rapporte au bénéfice du groupe, équivaut à la somme de 10 euros pour quelqu'un de rémunéré au SMIC. Pour une personne physique, on dirait que la peine n'est pas très dissuasive et, d'ailleurs, personne n'est jamais condamné à payer 10 euros. Pourtant, le principe des amendes est qu'elles s'évaluent en fonction des ressources. Après avoir accepté de payer 10 millions d'euros pour le compte de sa société, Bernard Arnault a déclaré aux médias « n'y être pour rien » (dans les faits qui lui étaient reprochés et pour lesquels il venait de payer) et effectivement l'absurdité du système pouvait lui donner raison, il venait d'acheter la possibilité de dire qu'il n'avait rien commis. Et de laisser les autres constater que la justice, comme tout le monde, ne prête qu'aux riches. Que tout s'achète. Même la vérité.

À l'audience, Ruffin réclamait une « condamnation » au sens noble du terme, sans solliciter un centime de dédommagement pour lui-même. Il déplorait « une justice à deux vitesses », « qui s'achète », interpellait le procureur : « On fait de vous des experts-comptables ! » La présidente le sommait de se taire sous peine d'être évacué de la salle. Elle n'aurait rien dit à Foucault. Le philosophe n'écrit pourtant pas autre chose lorsqu'il analyse les réformes successives du droit criminel « comme une stratégie pour le réaménagement du pouvoir de punir, qui majore ses effets en diminuant son coût économique ».

La justice négociée est donc au bout du chemin. Il y a quelques années pourtant (pas si longtemps puisque je traînais déjà ma robe d'avocat), on lisait dans les manuels juridiques que rien n'était plus étranger au droit français que la négociation en coulisse, que la « contractualisation » d'une sanction était inimaginable, incompatible avec l'idée du sacré qui fonde notre droit. On en a manifestement sacrément fini du sacré puisque les modes de négociation, de transaction, fleurissent et s'étendent chaque année au motif qu'il faut gagner en rentabilité. On négocie avec le procureur ou le juge du siège, on achète son absence de condamnation, son casier vierge, on remplit les poches de l'État et personne n'y trouverait à redire puisque ce serait « pour le bien commun ». On appelle cela joliment des alternatives aux poursuites.

Tout le monde n'est pas en mesure de troquer la non-inscription d'une condamnation sur son casier, certains ne peuvent pas même la faire retirer des années plus tard, quand ils sont réinsérés, quand tout est derrière eux, que l'employeur demande patte blanche, c'est-à-dire un casier vierge, pour les embaucher. Il y en a qu'on empêche. Inutile de préciser lesquels.

Si on recherche des preuves que les pouvoirs publics ont délaissé la justice, on les trouve dans leur encouragement à recourir aux modes alternatifs, l'arbitrage, la médiation, la conciliation, l'enquête interne, et même la justice médiatique que les ministres font mine de déplorer alors qu'elle pallie les manques. Tous ces « modes dégradés », comme on dit aujourd'hui, confirment l'impuissance de l'institution. L'hôpital vit la même déchéance.

La Révolution française à l'envers a eu lieu, sur le plan judiciaire, en 2004, avec l'introduction d'une procédure dite de « plaider coupable » (Comparution sur reconnaissance préalable de culpabilité), directement inspirée des États-Unis qui appliquent ce qu'ils nomment « *plea bargaining* » à tour de bras. Une peine est proposée à des gens qui ont accepté le principe de leur responsabilité. S'ils refusent la proposition, leur procès se tient selon la voie classique. Compte tenu de l'entorse faite à la procédure (il n'y a plus de procès et votre avocat plaide pour votre condamnation), la peine prononcée ne peut pas excéder trois années. Elle n'est, en revanche, soumise à aucun plafond outre-Atlantique, laissant augurer d'un sort identique ici dans quelques années. Les Américains peuvent donc accepter vingt ans d'emprisonnement pour éviter les cent trente que promettait de requérir le procureur au procès : on comprend pourquoi un grand nombre d'innocents plient devant un « deal » plutôt que risquer de crever en taule. Je crois que j'accepterais aussi. Parfois, quand je ne sais pas quoi faire la nuit, je me demande combien d'années je résisterais. Je renonce très vite, je fais partie des statistiques. J'accepterais la proposition. J'ai entendu certains juges français donner le petit nom de « négociation sous contrainte » sans y voir de problème. Il faudrait peut-être remplacer « négociation » par « consentement » pour les éclairer. L'effet de la pression a fait l'objet de plusieurs études selon lesquelles 27 % de ceux qui ont répondu *oui* à leur culpabilité n'avaient pas compris la question. Les Anglais, sur lesquels cette étude se fonde, ne sont pas plus stupides que les autres, ils démontrent seulement que le cérémonial fait perdre ses moyens, notamment lorsqu'il s'agit de s'exprimer. C'est paradoxalement la preuve qu'il produit son effet. Les auteurs de ces travaux, rapportés par Antoine Garapon, expliquent cette incapacité à répondre correctement grâce au concept de « phénomène de surdité » (*courtroom deafness*) ou de « stupidité » à l'audience (*courtroom stupidity*) qui est aussi saillant chez les hommes politiques, les chefs d'entreprise, les éduqués que chez les voleurs de bas étage et les quidams.

À quel moment la France s'alignera-t-elle sur le modèle américain et permettra-t-elle de négocier des peines de quinze ans d'emprisonnement sans audience ? Bien qu'innocente, est-ce que j'accepterais une telle proposition pour éviter la perpétuité ? Est-ce qu'on ne ferait pas n'importe quoi pour revoir un coucher de soleil ?

La ligne de conduite de réduction des coûts n'a pas fléchi depuis les cinquante ans qui nous séparent de la publication de *Surveiller et Punir*. Toutes les propositions actuelles, notamment celles des états généraux de la justice pénale ouverts en 2022, ne sont faites qu'à l'aune de la diminution du coût de la justice et de la « gestion des stocks » qu'il ne vient à l'idée de personne d'appeler des hommes. Les recommandations valorisent les projets d'ultraspécialisations des magistrats, les policiers réclament pour eux aussi une juridiction particulière qui les jugerait – les membres du gouvernement ont bien la leur – alors que les tribunaux débordent déjà de pôles financiers, santé, terrorisme, grand banditisme, familial, etc., tous prédits par Foucault :

« Cette grande redistribution des illégalismes se traduira même par une spécialisation des circuits judiciaires : pour les illégalismes de biens – pour le vol – les tribunaux ordinaires et châtiments, pour les illégalismes de droits – fraudes, évasions fiscales, opérations commerciales irrégulières – des juridictions spéciales avec transactions, accommodements, amendes atténuées, etc. La bourgeoisie s'est réservé le domaine fécond de l'illégalisme des droits. » Foucault lisait dans les boules de cristal. S'il avait croisé Ruffin, il lui aurait dit pour la CJIP.

Le 17 mai 2023, la Cour d'appel de Paris a confirmé la condamnation de Nicolas Sarkozy pour des faits de corruption active et de trafic d'influence et a prononcé à son encontre une peine de trois ans d'emprisonnement dont un an ferme que l'ancien président devrait effectuer sous la forme d'une surveillance à domicile (bracelet électronique) si la Cour de cassation, qu'il a saisie, n'annule pas la décision. Je n'ai pas d'opinion puisque je n'ai pas lu une pièce de ce dossier.

Comment les chroniqueurs et autres éditorialistes s'en forgent-ils une ? Surtout, pourquoi asséner le contraire de ce qu'ils prétendent habituellement ? Eux qui estiment toujours les peines insuffisantes, laxistes disent-ils, s'égosillent cette fois pour dénoncer une injustice. Non seulement la peine serait trop lourde mais les faits, eux-mêmes, ne seraient pas qualifiés. Aucun parmi eux ne connaît le dossier et combien pourraient énumérer les éléments juridiques constitutifs de la corruption active ou du trafic d'influence ? Nous les entendons tous les jours privilégier la sécurité à la liberté, applaudir les lois sécuritaires sur les perquisitions et autres sonorisations. Pourquoi s'en indignent-ils cette fois-ci ? Je veux bien. Mais je veux bien pour tout le monde.

Est-ce que je suis passée à côté ou Foucault n'a-t-il rien dit des avocats ? Je demanderai à Alice, elle a lu Foucault bien plus que moi. Elle consacre un temps infini à la lecture, incomparable avec celui qu'il me reste, non seulement parce que je perds des heures à attendre aux audiences, mais aussi parce que, contrairement à la sienne, ma radicalité est compatible avec Netflix. Par précaution ou vanité, je lui cache toutes les séries que je mate. J'évoque les classiques ou les vintage, les « stylées », un mot toutes générations confondues qui ne permet à personne de me donner la bonne quarantaine, encore moins la petite cinquantaine. Alice m'écoute intarissable sur *Ally McBeal,* cette avocate de Boston qui oscille entre le délirant, l'absurde et les affaires les plus rudes. On passe des sourires aux plaidoiries travaillées, ça me rappelle un cabinet d'avocats parisien que je connais. Bien que scénariste, Alice n'a pas vu la moitié des séries qui m'ont donné envie de plaider, un gâchis qui lui évitera d'appeler le président « Votre Honneur » ou de demander si elle peut bénéficier du 5e amendement qui confère le « droit de ne pas s'auto-incriminer ». La législation française est moins prometteuse mais, effectivement, elle aura le droit de se taire. Lorsque ceux que nous défendons le comprennent, leur déception pointe à l'idée qu'on ne puisse pas bondir et intervenir par : « Objection ! » mais ils sont vite rassurés car si l'avocat américain se tait après avoir entendu « *overuled* », les avocats français, nous, ne nous taisons jamais. Nous sommes des irréductibles Gaulois.

Mais sans potion magique. À la loyale.

Pour prolonger la plaidoirie dans la société, nous écrivons des livres ou caracolons au théâtre où nous jouons notre propre vie plutôt que celle des autres. Dupond-Moretti et Vergès, à leur apogée, ont chacun eu leur « seul en scène », probablement bien débarrassés des juges et confrères qui les encombrent, et pas mécontents non plus d'être applaudis. Il est vrai qu'après une bonne plaidoirie, on ne refuserait pas une standing ovation. Ni une ola. Se souvenir qu'il existe des jours où l'on est moins fiers et que l'anonymat préserve des tomates.

La justice contre la vérité

L'artiste Miss. Tic s'appropriait les murs parisiens qu'elle marquait au pochoir, ils étaient sa tribune. Elle avait créé un personnage féminin, « affamé de sensations fortes et de rencontres fatidiques » qui « délivre l'idée de la liberté (…), ne subit pas l'outrage du temps (…), pas féministe, elle est pire ! » Elle apposait une phrase poétique aux côtés de sa femme fatale. L'une d'elles se distingue : *Juste une justice juste.* Mais au-delà de l'allitération, Miss. Tic savait que cette moindre des choses était déjà trop demander. La justice ne peut pas être juste pour tout le monde. Peut-être faut-il s'y faire, l'accepter, lorsque la justice est rendue pour la victime, elle ne l'est pas pour l'accusé et vice versa, l'équilibre, sauf en de rares exceptions, ça n'existe pas. Les magistrats sont traversés d'injonctions contradictoires qui les conduisent, autant que l'air du temps, à ne pas « mal faire » plutôt que « bien faire », ils réduisent leur office à ne pas juger « contre ». Peine perdue puisque nous assistons au spectacle d'« Une justice contre les hommes », c'est le premier titre que j'ai voulu donner à ce livre, en raison de la déshumanisation, celle qui fait juger comme on boxe, au sein de laquelle tout le monde souffre et personne ne se reconnaît. J'y ai renoncé par la suite, cela m'arrive autant que de me contredire. J'ai craint le contresens, celui du petit *h*, du mâle blanc, qu'on imagine un livre masculiniste ou au contraire uniquement féministe, qu'on déplace le débat comme chaque fois, que je doive répondre de trop ou trop peu, du caillou dans la chaussure et pas du chemin. J'ai cherché, nous avons cherché, aucune autre formule ne disait autant la vérité de la violence d'une institution contre ses justiciables, contre les siens, contre tous et contre nous. J'ai assumé, nous avons assumé, ce titre qui énonce, claque comme la justice et n'enlève rien aux femmes. Le H est devenu capital.

« Contre la vérité » n'aurait pas été un mauvais titre puisque les tribunaux ne font pas autrement que les parties, qu'eux aussi construisent un récit dont on dirait qu'il « colle à » plutôt qu'il ne s'approche de la vérité, un récit cohérent pour des actions souvent incohérentes, retraçant l'histoire d'un acte, sa naissance, son intention, son cheminement. Il y a bien un récit national, pourquoi pas un récit judiciaire ? La justice travaille à l'envers, elle pose d'abord une infraction là où d'autres diraient une hypothèse, et met tout en œuvre pour la confirmer. Les investigations, les interrogations, tout converge pour « caractériser l'infraction » : il s'agit ici de son objectif formel, bien plus que celui de parvenir à la vérité. L'institution travaille dans le sens de la vérification plutôt que de l'ouverture du questionnement. Il revient souvent aux avocats de déconstruire ce qui a été posé d'emblée à la première page du dossier, parfois sur un simple renseignement anonyme. Les pages d'enquête sont numérotées, on dit qu'elles sont « cotées ». Lorsque l'avocat agite un feuillet en plaidant, qu'il s'écrie : « Je vous invite à relire les déclarations du témoin qui se trouvent à la cote D231 », c'est une de ces fameuses cotes que vous voyez entre ses mains. Souvent il s'avance plus près des juges, lit platement à haute voix ou en y mettant le ton, il arrive qu'il fasse rire la salle ou qu'il ne fasse rire que lui. Les dossiers comportent des centaines de pages, parfois des milliers. Ils ont en commun la première, celle à partir de laquelle tout commence, la fameuse « cote D1 ». On y lit l'hypothèse de départ souvent reprise en guise de conclusion : « Réceptionnons un renseignement anonyme nous informant qu'une Mme G., domiciliée avenue de la République à Auvers-sur-Oise, serait à la tête d'un trafic de cocaïne. » Le dossier n'a pas commencé qu'il est plié, les enquêteurs ne vont travailler que dans le sens de la confirmation, balayant les doutes et erreurs qui arrêteraient d'autres sciences. C'est à se demander pourquoi la justice pénale est si lente puisqu'elle est dite d'emblée. Que fait la justice après la cote D1 ? Est-ce qu'elle se confirme ou est-ce qu'elle s'affirme ? On me souffle dans le dos que l'institution travaille manifestement différemment lorsque la première cote accuse un homme de viol. Le dossier paraît alors moins évident, les doutes et erreurs mieux jouer leur rôle.

Dans tous les cas, et quasiment toutes les cotes, la complexité de l'acte est reniée, escamotée, on pourrait donc dire falsifiée. Ce terme, qui apparaîtrait intolérable dans un raisonnement historique ou scientifique, est admis en matière judiciaire. Est-ce pour cette raison, pour ne pas souffrir la comparaison, que la justice se trouve hermétique à toutes sciences sociales, toute contextualisation, à l'exception de la psychiatrie, mais uniquement pour qu'elle décrète les hommes responsables de leurs actes ? C'est ainsi que les cours d'assises n'entendent jamais un sociologue, un historien, un philosophe, mais elles convoquent deux psys, un psychiatre et un psychologue, le premier pour dire que l'accusé est « responsable de ses actes au sens pénal » et le second pour expliquer qu'il en est responsable aussi au sens de la psychologie puisqu'il a, certes, été battu par sa mère mais que tous les enfants maltraités ne sont pas devenus des agresseurs.

Et si les juges essaient de ne pas juger « contre », de donner un peu de souffle, d'ampleur au raisonnement, est-ce que pour autant « juger, c'est comprendre » ? On pouffe lorsqu'on entend quelqu'un reprendre en audience cet adage un peu éculé, oubliant que Malraux expliquait précisément le contraire : « Juger, c'est évidemment ne pas comprendre puisque, si l'on comprenait, on ne pourrait plus juger ».

C'est, par conséquent, assez logiquement qu'on ne veut surtout pas savoir, sinon on serait empêché. Exit donc le recours aux sciences humaines : plus on se rapproche de la justice, plus on s'éloigne de la vérité. Cela aiderait tout le monde si on l'admettait aussi clairement, si on s'accordait sur le fait que la justice, c'est comme on peut, modeste finalement. Les parties aspireraient moins à y retrouver leur récit dans lequel elles se sont mises en intégralité, parfois même en identité. Elles rechercheraient moins le coupable idéal.

Lorsque les experts jouent leur rôle, qu'ils ne font plaisir à personne, qu'ils font parler leur science sans égard pour la justice, le scandale les rattrape. Ont-ils oublié la nécessité que « justice passe » ? L'affaire Sarah Halimi, victime d'un meurtre en 2017, a opposé les Français aux experts, ceux qui s'érigent en sachants, en docteurs ès psyché et docteurs ès dossier, à un collège de médecins qui avaient examiné l'auteur des faits. Cet homme avait été pris d'une bouffée délirante après la consommation de psychotropes et l'examen médical avait abouti à l'abolition de son discernement au moment du passage à l'acte, l'homme ne savait pas ce qu'il faisait. Une conclusion plutôt rare, qui conduit à déclarer l'irresponsabilité pénale. Concrètement, plutôt que de passer le reste de sa vie derrière les barreaux, il les vivra en psychiatrie et ne pourra en sortir que sur avis conformes de deux psychiatres. Qui prendra le risque d'une libération alors qu'il existe un « principe de précaution » ? Mais l'internement n'est pas suffisant pour l'opinion publique : puisque la loi ne lui confère pas la valeur d'une peine, elle ne lui accorde pas la valeur d'une souffrance. Or, l'idée que l'auteur d'un tel crime ne souffre pas en répression est inaudible pour la société et insupportable aux familles qui battent campagne contre leur propre malheur. C'est l'une des raisons pour lesquelles les victimes ne sont ni législateur ni juge. Elles ne peuvent rien mettre à distance, cela ne leur est donc pas demandé : c'est le travail de nos représentants, ceux que nous avons élus pour penser en dehors de nous. Mais d'autres types de campagnes les en empêchent. C'est dans ce cadre électoral que le président de la République était intervenu publiquement avant que les juges ne statuent sur la responsabilité du meurtrier de Sarah Halimi, « Même si, à la fin, le juge devait décider que la responsabilité pénale n'est pas là, le besoin de procès, lui, est là. » Il avait été rappelé à l'ordre par les magistrats : « L'indépendance de la justice est une condition essentielle du fonctionnement de la démocratie. » Devant l'émoi considérable auquel le président prêtait donc main-forte, la garde des Sceaux commandait un rapport sur la question. Les conclusions en étaient claires : elles préconisaient un statu quo de la loi – résistant à l'effet pervers qui consiste à légiférer après chaque fait divers. Le rapport allait jusqu'à pointer la dangerosité d'un éventuel changement des dispositions légales. La loi a pourtant été modifiée, actant une fois de plus que la sagesse et la sécurité réelle s'effacent devant les urnes. Désormais, si la consommation de substances psychoactives est volontaire, la responsabilité est maintenue. À chaque fait divers un recul. Ici, la loi le disait presque déjà en permettant aux juges de l'interpréter de cette façon. Venir ajouter au texte, c'était plutôt faire une loi pour dire qu'on fait des lois, comme un élève de sixième remplit des pages au lieu d'être précis. Une fois élu, le Parlement imagine devoir faire du bruit.

À force d'y songer, je me demande si ce n'est pas à cause d'Œdipe qu'on ne peut rien évoquer de la complexité d'un acte, de la responsabilité. Un comble quand même. On rappellera que la Pythie avait prédit qu'Œdipe tuerait son père et épouserait sa mère. De peur que l'oracle ne s'accomplisse, ses parents l'ont abandonné, croyaient-ils à la mort. Sauvé par un berger, même s'il garde les stigmates de l'abandon qui l'a rendu boiteux, sans jamais avoir connaissance de la malédiction, Œdipe se rend involontairement coupable de parricide et d'inceste. S'il avait été jugé, là où son avocat aurait objecté que son client ne pouvait pas savoir, que d'ailleurs il était plutôt victime de l'inceste de sa mère que coupable, que les hommes ne sont quand même pas coupables de tout (l'avocat aurait été moderne ou à l'ancienne, je ne sais plus), le juge n'aurait pas prêté l'oreille à cette défense loin des cases. Pour la bonne forme démocratique, il aurait fait comparaître un expert psy, freudien sans doute, qui aurait parlé de complexe et d'inconscient, et qui en aurait déduit qu'on sait tout, tout le temps, exactement comme le pense l'institution et il aurait aidé le juge à caractériser son infraction. « C'était bien votre mère ? Vous avez bien couché avec ? C'était bien votre père ? Vous l'avez bien tué ? Par ces motifs, Œdipe s'est rendu coupable des crimes de parricide et d'inceste. » Je me demande qui aurait été à l'initiative de la cote D1, qui a bien pu balancer Œdipe entre la Pythie et le berger ? Si Jocaste avait comparu, elle aurait sans doute été innocentée de cet inceste sur son fils. Car si les femmes ne sont pas toujours reconnues comme victimes, elles ne le sont pas comme coupables non plus. Une histoire de reconnaissance qu'on ne leur confère pas.

L'année où les violences faites aux enfants étaient consacrées « grande cause nationale », peut-être en même temps que les violences faites aux femmes, ou bien l'année suivante, par association d'idées puisque « les femmes et les enfants d'abord », le porte-parole du gouvernement martelait que les mômes crevaient sous les coups « des deux parents », il insistait mais ne convainquait pas, personne ne voulait y croire. Cachez-moi cette vérité que je ne saurais voir. S'attaquer aux femmes demeure un sport national mais on ne touche pas aux mères, probablement à cause de cet « instinct maternel », un autre de ces mythes qui persistent.

Certains touchent toujours à la mère de leurs enfants bien sûr, qu'ils regardent d'abord comme leur femme et brutalisent à coups de violences conjugales.

En guise de dernier mot, Œdipe agit. Dernier acte. Le moins qu'on puisse dire, c'est qu'il prend ses responsabilités en se châtiant lui-même (il s'est crevé les yeux). Une idée de justice qu'il a manifestement transmise à sa fille Antigone (étymologiquement « celle qui s'oppose »), étudiée en première année de droit et en cours de français. Qu'il nous soit bien dit que son histoire finit mal.

Pour me consoler, je me répète que ça se serait mieux terminé si Antigone avait été assistée d'un avocat. Je commettrais bien d'office une armée de volontaires. Je peine à l'écrire mais il y aurait des réfractaires, il existe des avocats qui ne défendent pas tout le monde, qui pensent manifestement que certains le méritent et d'autres pas. Ils écartent souvent ceux qui se seraient attaqués aux femmes et aux enfants, ces plus fragiles : ils poursuivent l'archaïsme. Il y a des avocats qui se comportent comme des juges. Et d'ailleurs, on en retrouve certains à la cote D1, il suffit d'interroger notre Ordre pour comprendre que, nous aussi, comme la Pythie ou le berger, comme le trafiquant de stupéfiants ou le collabo, nous nous dénonçons. Ici pour un site internet non conforme, là pour un propos imagé qui déshonorerait la profession, une avocate a même été suspendue six mois pour avoir joué de la guitare dans la rue et jonché son chapeau au sol. Ce serait incompatible avec la dignité de notre serment. On peut défendre gratuitement ou pour très cher mais l'aumône ne nous est pas autorisée. Je crains qu'il y ait moins de délateurs pour dénoncer à notre juridiction ordinale ceux d'entre nous qui harcèlent leurs collaborateurs.

Mais je me trompe peut-être.

Les vérités, celles qui nous sont assénées ou celles auxquelles nous sommes confrontés, sont souvent relativisées par l'apposition du nom de leur science : la « vérité historique » ou la « vérité scientifique ». Mais le terme « judiciaire », lui, ne relativise en rien la vérité qu'il pose, au contraire, il lui confère le caractère définitif d'un jugement.

Pourtant, serait-ce un aveu de faiblesse ? La justice hurle si on la conteste, une fois qu'elle a été dite c'est une fois pour toutes, au motif allégué qu'à défaut, nous risquerions « l'insécurité juridique », autrement dit le marasme. Dite, elle ne pourrait être contredite. Comme si elle ne s'était jamais trompée, comme si elle était infaillible, insusceptible d'être partielle ou temporaire comme le revendiquent les sciences, ce qui est dit est définitivement dit, la sémantique ne s'y trompe pas, lorsque les voies de recours sont épuisées, on qualifie le jugement de « définitif ». Il existe même une croyance populaire selon laquelle on ne pourrait pas commenter une décision de justice, on ne pourrait rien en dire à l'oral après l'avoir entendue. En réalité, on ne saurait la « discréditer ». « Discréditer », ce n'est pas commenter, ce n'est pas museler. Nul besoin d'articles de lois finalement, les croyances suffisent à faire taire les gens.

Omar Raddad est-il auteur d'un crime ou bien la victime d'un système ? Condamné en 1994 à dix-huit ans de prison pour le meurtre de Ghislaine Marchal qu'il a toujours nié, il restera dans les annales comme le symbole d'une erreur judiciaire présumée. Les mémoires conserveront l'anecdote, la phrase en lettres de sang tellement parodiée, « Omar m'a tuer ». Partiellement gracié, Omar Raddad a été remis en liberté après avoir purgé sept années de prison. Il a continué de clamer son innocence, la liberté n'est pas suffisamment réparatrice, il veut la vérité. Vingt-cinq ans plus tard, la science a mis au jour des traces ADN nouvelles qui désigneraient peut-être le vrai coupable. Mais la justice a rejeté les investigations demandées par Omar, « Mieux vaut un innocent en prison que de déstabiliser l'institution judiciaire », aurait confié un ancien garde des Sceaux au député Fenech qui cherchait à assouplir la loi permettant les révisions des procès une dizaine d'années auparavant. Les avocats pénalistes prétendent le contraire, mieux vaut un coupable en liberté qu'un innocent emprisonné. Les citoyens s'en fichent, ils pensent ne jamais être ce coupable ni cet innocent. Pourquoi l'institution s'embarrasserait-elle, alors ? Elle continue de vivre sa remise en cause comme trop dangereuse, tant pis pour les sacrifiés du prétendu bien commun. Je pense à la plaidoirie de l'avocate de *La Petite Menteuse,* ce roman de Pascale Robert-Diard dans lequel une jeune fille parvient finalement à se dépêtrer de son mensonge qui avait conduit un homme en prison : « Au fond, dans cette affaire, il n'y a pas de coupable, il n'y a que de bonnes intentions. » Des intentions coupables.

Catherine Meurisse me dédicace sa dernière bande dessinée, elle réfléchit à me caricaturer, éclate de rire et se ravise par peur de me vexer. Elle m'avait en tête mais de quelle façon ? « Je vais plutôt dessiner la justice. » Elle s'affaire à grands traits, si bien que je me demande ce qu'elle fait, ne conçoit-elle pas la justice comme une chose millimétrée ? Lorsque le dessin apparaît, miraculeusement, à grands coups peut-être mais d'un coup surtout, c'est une femme nue, allongée, plutôt canon, les fesses à l'air, qui me demande si je les aime ses fesses, elle revêt tous les attributs en plus des féminins, les yeux bandés et la fameuse balance entre les mains. Catherine me regarde, elle a oublié le glaive, elle rit encore, elle le lui planterait bien quelque part. Ce n'est probablement pas pour rien qu'elle a négligé l'objet qui tranche au profit de celui qui équilibre. Elle ne doit pas être de celles qui jugent. Les plateaux de la balance sont vides, comme ils le sont toujours. Ne devraient-ils pas plutôt être surchargés du poids que chacun y met pour la faire pencher de son côté ?

Après avoir soupesé à l'heure du jugement le point d'équilibre, ce n'est pas la vérité qui apparaît mais la justice, « *justice before truth* » clament les Britanniques. Par cet adage, d'une part la justice anglo-saxonne affirme la prédominance de la preuve sur la vérité, ce qu'elle dira n'est pas la vérité mais seulement ce qui a été prouvé et, d'autre part, elle prévient de la dissonance entre les récits soumis aux juges et ce que le tribunal en restituera. De toutes les vérités qui lui sont proposées, qui sont cohérentes, qui font récit, après l'écoute desquelles on est acquis puis en désaccord, la juridiction rendra un jugement, c'est-à-dire une abstraction, une version des faits qui n'est pas vraie au sens du réel. Le juge ne dit pas la vérité, il tranche au glaive, il produit un discours cohérent, là où la vérité ne l'est pas toujours. On pourrait dire que la justice cherche la cohérence comme méthode. C'est peut-être pour cette raison que notre vérité judiciaire est décevante car, comme ses adages, comme sa balance, elle n'est que fictive. Certains juges estimeront que tel SMS exclut la possibilité d'un contexte amoureux en raison de la rage exprimée, du dépit, de la volonté de faire la paix ou de la vouloir, tandis que d'autres y décèleront son expression. Quand on écrit à celui qui vous a quitté : « Je t'en veux à mort », exprime-t-on la menace ou le dépit ? L'interprétation de ces petits textes revêt parfois une importance majeure, là où nous avons pourtant tous vécu des malentendus à coups de phrases trop synthétiques, d'enchaînements trop rapides, de « Je ne voulais pas dire ça ». On en viendrait presque à envier ce « ministère de la Vérité » auquel Orwell avait pensé.

Les témoins jurent de dire la vérité. Ce sont les seuls. Les autres peuvent mentir, les victimes, les accusés, la famille aussi. Probablement parce que c'est assez difficile comme ça, qu'on ne saurait exiger davantage, encore moins la discipline du vrai, ce grand sujet de philosophie dont nous pourrions parler des heures Alice et moi.

L'accusé ne prête plus serment depuis la Révolution française. Avant elle, il jurait de dire la vérité en vertu d'un usage que l'ordonnance criminelle de 1670 transforma en loi : « L'accusé prêtera serment avant d'être interrogé, et en sera fait mention à peine de nullité » (Titre XIV, art. 7). S'il refusait, le procès lui était fait « comme à un muet ». C'était donc se taire ou avouer. Et choisir le premier était perçu comme le second. Cela n'a pas beaucoup changé. Le chancelier Séguier s'était opposé à cette légalisation au motif qu'on ne pouvait exiger d'un homme qu'il déclare « des choses capables de lui faire perdre la vie ». Il n'avait pas convaincu, un autre raisonnement l'a emporté : si on venait à admettre qu'il puisse être « nécessaire de se parjurer pour sauver sa vie, on croira qu'il n'est pas défendu de le faire pour sauver son honneur ». On imagine que l'argument était accompagné du geste mimant le précepte : quand on concède ça (sa main) à quelqu'un, il prend ça (tout le bras). Il semble, depuis, que pas mal de lois sont votées sur d'aussi bons axiomes. Si on accorde des papiers aux étrangers, ils vont vouloir travailler, si on n'enferme pas les hommes, ils vont recommencer, si on ne permet pas l'optimisation fiscale, les riches vont s'évader…

La Révolution abolira l'ordonnance et reconnaîtra à l'accusé le droit de mentir sans se parjurer.

Par extension, la famille des mis en cause ne jure pas davantage, le droit préserve l'amour d'une certaine manière, la passion contre la raison, et n'impose pas de dénoncer ou d'accabler son proche, seulement son prochain. La loi confère un « droit moral au mensonge » selon l'expression retenue par François Saint-Pierre, même si le juge encourage toujours le témoin lié par le sang, après l'avoir dispensé de prêter serment, « à dire la vérité quand même ». Par cet avertissement, ou cette leçon, le juge en appelle à la morale pour minorer l'effet de la loi.

L'institution demande donc aux gens de dire la vérité. Toute la vérité ? Ou bien uniquement celle qu'elle souhaite entendre et qui lui permet de « caractériser l'infraction » ? Une mère n'est pas contrainte de dire la vérité au sujet de son fils, mais son témoignage est clairement malmené, orienté, pendant la garde à vue au moins, quand personne ne connaît le dossier à l'exception des enquêteurs. Ils ne demandent pas à la mère quels types de relations son fils entretient avec les femmes, ils lui demandent sa réaction devant les faits de viols. Les questions sont déclinées comme s'ils étaient avérés. La mère flanchera moins que l'épouse, « Comment réagissez-vous après avoir appris que votre mari a violé cette femme ? » Le mari conteste, il n'y a pas de preuves, la question pourrait être plus ouverte mais les policiers déstabilisent le témoin, ils l'impliquent, à charge uniquement. Ils enchaînent sur l'absence de relations sexuelles ou leur espacement suspect dans ce couple établi depuis vingt ans, laissant finalement bancales d'autres explications, même les plus rationnelles, du quotidien et de lassitude, soufflant à l'épouse de manière à peine implicite qu'il existerait un lien entre l'abstinence et le crime, une culpabilité qui pourrait être la sienne, qu'elle pourrait partager, puisqu'elle avait signé pour le devoir conjugal. On me souffle à nouveau derrière l'épaule, décidément, c'est toujours la faute des femmes.

Pour les témoins qui ne seraient pas « de sang », le serment de l'article 331 du Code de procédure pénale les invite à « parler sans haine et sans crainte, [de] dire toute la vérité, rien que la vérité », croix de bois croix de fer, s'ils mentent ce sera l'enfer. Ne serait-il pas plus responsable de prêter serment « malgré la haine » qui pourrait advenir et s'imposer devant tellement de souffrances endurées ? Et « malgré la crainte », parfois pour soi, qui susurre d'altérer la vérité ? Je n'ai jamais vu défiler autant de fausses déclarations qu'au procès de Georges Tron. Le député et maire a fini par être condamné pour viols à l'encontre de l'une de ses subordonnées que nous assistions avec

Vincent, un avocat aiguisé qu'il vaut mieux avoir à ses côtés. Avant d'en arriver à la décision, la cour d'assises de Paris s'est transformée en cortège de témoins guidés par la peur, tenus par le pouvoir de l'homme, ses promesses d'embauche ou ses menaces de rompre l'emploi. Se succédaient des mensonges de pauvres gens qui faisaient de pauvres mensonges. Nous avions renoncé à les contre-interroger, cela aurait été aussi cruel qu'inutile, l'interdiction de dire le vrai était plus éloquente que ladite vérité.

Les jurés ne posaient pas davantage de questions, leurs yeux ébahis parlaient pour eux. Pas un mot non plus lorsque nous les croisions dans la rue. Ils ne sont pas victimes, pas accusés, la loi prévoit qu'ils jurent sur leur citoyenneté et n'ont pas le droit de nous raconter quoi que ce soit sur leur expérience. Tant pis pour ma curiosité. Leur serment leur est lu par le président une fois que le jury est constitué (article 304 du Code de procédure pénale) : « Vous jurez et promettez d'examiner avec l'attention la plus scrupuleuse les charges qui seront portées contre X…, de ne trahir ni les intérêts de l'accusé, ni ceux de la société qui l'accuse, ni ceux de la victime ; de ne communiquer avec personne jusqu'après votre déclaration ; de n'écouter ni la haine ou la méchanceté, ni la crainte ou l'affection ; de vous rappeler que l'accusé est présumé innocent et que le doute doit lui profiter ; de vous décider d'après les charges et les moyens de défense, suivant votre conscience et votre intime conviction, avec l'impartialité et la fermeté qui conviennent à un homme probe et libre, et de conserver le secret des délibérations, même après la cessation de vos fonctions. »

Outre qu'il est magnifiquement rédigé et donne envie de bien se tenir, le serment reconnaît, comme inévitable et donc humain, la survenance de sentiments violents, *la haine, la méchanceté, la crainte ou l'affection*, incompatibles avec la fonction de juger et contre lesquels il est donc demandé de lutter, autrement dit il faut mettre de côté ses réflexes et préjugés.

Les juges professionnels, eux, ne jurent pas devant la cour d'assises, ils ont prêté serment une bonne fois pour toutes en devenant magistrats et, ensuite, ils concourent à la « manifestation de la vérité ». Nous devrions tous re-jurer à chaque nouveau procès, peut-être que cela éviterait la routine. Comme ces vieux couples qui renouvellent leurs vœux pour se réveiller un peu.

Celui dont on exige la vérité de façon totale mais encadrée, c'est incontestablement l'accusé. Celui-là même à qui la loi octroie, pour la façade, le droit de se taire, de mentir, des droits qui mentent un peu, finalement, puisqu'on fait payer de les utiliser : ils coûtent cher en peine. Si les formules ont changé, le fond est resté et personne n'accepte jamais d'être « jugé comme un muet », l'exercice de ce droit apparaît trop suspect et le risque d'être jugé comme un coupable trop élevé. Pourquoi l'institution requiert-elle tant les aveux ? Ils sont salvateurs pour le juge, le déculpabilisent de juger puisque l'homme se condamne lui-même, c'est ainsi que le pensait Foucault : « La seule manière pour que la vérité exerce tout son pouvoir, c'est que le criminel reprenne à son compte son propre crime. Il faut qu'il y ait possibilité qu'ils se jugent et se condamnent eux-mêmes, le criminel qui avoue vient jouer le rôle de vérité vivante. »

Nous ont-ils confié la vérité ? Pas toujours, non. Leur dit-on de ne pas reconnaître les faits alors que nous les savons coupables ? Cela nous arrive, oui. L'idée vous révolte. Elle vous fait mépriser notre métier même si vous en reconnaissez l'utilité, qu'il faut bien des gens comme nous pour que la démocratie fonctionne. Bref, vous agissez comme je le fais avec l'acte de juger, vous laissez le sale boulot aux autres. Vous ignorez si nous sommes détenteurs du secret du crime mais vous trépignez de le savoir. Nous n'avons pas le droit de vous le dire, ni dans un livre ni au creux d'un oreiller. Et encore moins sur les plateaux télévisés, contrairement à ce que vous laissent imaginer les « débats » des « experts » sur des affaires dont une chaîne a pensé qu'ils pourraient nous distraire de la guerre, celle en Ukraine ou celle de Foucault. Nous croiriez-vous si nous vous racontions tout ? Vous nous suspectez toujours de plaider contre la vérité, de faire annuler des procédures contre des ordures comme si c'était mentir alors que c'est la loi, voudriez-vous qu'un avocat puisse décider de celui qui mérite la sentence ou pas ?

Les bruits qui courent colportent qu'avocat serait un métier de menteurs. C'est au contraire un exercice de sincérité. On ne convainc pas sinon. Voyez les hommes politiques qui ne rallient plus personne. Il est vrai que nous ne jurons pas de dire la vérité, que nous pourrions la tordre et la détourner. Nous imposons le langage des preuves, une langue qui ne semble parler à personne mais qui demeure, comme la démocratie, le pire des systèmes à l'exception de tous les autres. Et puis, quitte à vous décevoir, brisons le mythe, je les déteste tous à l'exception d'Œdipe : nous ne savons jamais.

Quelques jugements font honneur à l'exigence probatoire, ils sont cette exception qui confirme la règle. C'est le cas de l'affaire dite de Tarnac, un sabotage de lignes de TGV. Le dossier a commencé en 2008 sur la base d'un fameux renseignement anonyme. Les mis en cause sont alors stigmatisés comme « un groupuscule d'extrême gauche terroriste ». Après le fiasco de l'affaire, la ministre, qui s'était réjouie des interpellations et du placement en détention provisoire de Julien Coupat, a dû se dire qu'elle aurait mieux fait de respecter une petite règle qu'on nomme séparation des pouvoirs et qui lui imposait le silence. Éventuellement une seconde qui s'appelle présomption d'innocence. L'affaire s'est achevée sur une relaxe dix ans plus tard, le jugement constatant que « L'audience a permis de comprendre que le "groupe de Tarnac" était une fiction (…). Si la conception qu'ont Julien Coupat et Yildune Lévy d'un week-end en amoureux, consistant à passer près de quinze heures dans un véhicule à sillonner des routes départementales et à dormir dans ce même véhicule en bordure d'une zone industrielle pendant une nuit de novembre, peut laisser dubitatif, la recherche des explications [de leur trajet cette nuit-là] relève d'un travail d'interprétation, nécessite de formuler des hypothèses qui ne seraient pas des preuves susceptibles d'emporter la conviction du tribunal. »

À la bataille des récits proposée, la présidente n'a retenu que l'absence de preuves. Elle avait dû tirer les leçons de la saga Malaussène, « une erreur judiciaire est toujours un chef-d'œuvre de cohérence », écrit Daniel Pennac. Surtout, elle n'a pas oublié qu'une personnalité inquiétante ou bravache ne fait pas un coupable. On peut encore aimer dans sa voiture et, si ça change un jour, surtout ne me le dites pas, je veux l'ignorer.

La rigueur du jugement de Tarnac demeure exceptionnelle, les prisons seraient moins pleines sinon. Il semble que la morale s'impose parfois, qu'elle prenne le pas. Surtout pour les infractions les plus graves. Un étrange paradoxe que l'avocat Thierry Lévy fait remonter à l'Inquisition : « L'église introduisit l'idée, appelée à un grand avenir, que plus le crime était grave moins il fallait de preuves pour l'établir. » Autrement dit, nécessité fait loi.

Cela était si vrai que la loi elle-même l'avouait, timide, elle ne demandait pas de compte aux juges et jurés de la façon dont ils s'étaient convaincus. Ils prononçaient des condamnations en matière de crime (à la cour d'assises) sur la base de leur *intime conviction* qui les dispensait de motiver les raisons de leur jugement et le quantum des peines. À l'inverse, les tribunaux qui jugeaient des affaires délictuelles, donc moins graves, y étaient astreints.

Que fallait-il entendre par *intime conviction* ? La loi n'en disait rien, elle ne l'encadrait pas. J'adorais entendre plaider un avocat aujourd'hui décédé, Jean-Yves Liénard, à qui j'emprunte cette formule qu'il destinait à transmettre : « Répondre à une question par l'intime conviction, c'est commencer sa réponse par *si ma vie en dépendait*, si ma vie en dépendait, est-ce que je répondrais oui à la question de la culpabilité de cet homme ? » Comme il n'y avait pas des Liénard dans toutes les cours d'assises, la loi a étoffé la notion d'intime conviction en imposant aux jurés de motiver leur décision. Il a fallu le combat de François Saint-Pierre, devant la Cour européenne des droits de l'homme, pour que les arrêts d'assises permettent enfin « au requérant de comprendre le verdict de condamnation ». Une première ligne concernant la motivation a été ajoutée à un article du Code de procédure pénale dont l'auteur devrait se voir décerner le prix Goncourt. Article 353 : Avant que la cour d'assises se retire, le président donne lecture de l'instruction suivante, qui est, en outre, affichée en gros caractères dans le lieu le plus apparent de la chambre des délibérations :

« Sous réserve de l'exigence de motivation de la décision, la loi ne demande pas compte à chacun des juges et jurés composant la cour d'assises des moyens par lesquels ils se sont convaincus, elle ne leur prescrit pas de règles desquelles ils doivent faire particulièrement dépendre la plénitude et la suffisance d'une preuve ; elle leur prescrit de s'interroger eux-mêmes dans le silence et le recueillement et de chercher, dans la sincérité de leur conscience, quelle impression ont fait, sur leur raison, les preuves rapportées contre l'accusé, et les moyens de sa défense. La loi ne leur fait que cette seule question, qui renferme toute la mesure de leurs devoirs : "Avez-vous une intime conviction ?" »

Depuis 2019, les juges et jurés motivent même la peine. Par un heureux hasard, j'étais à l'audience du Conseil constitutionnel le jour où a été soulevée l'inconstitutionnalité de la disposition qui permettait aux juges de condamner à une peine sans en expliquer les raisons. J'ai entendu plaider Éric Dupond-Moretti, qui était encore celui que nous aimions. Il a évoqué une affaire qu'il avait plaidée trois fois : en première instance, en appel et une troisième en raison d'une annulation de la décision. L'homme qu'il défendait avait d'abord été condamné à une forte peine, puis acquitté et enfin condamné à une peine moyenne. Je me souviens que Dupond avait énuméré les chiffres, qui étaient à peu près ceux-là, 20, 0, 10. « Et le numéro complémentaire ? », avait-il ironisé pour que l'auditoire ne se méprenne pas sur la loterie judiciaire qu'il dénonçait. Les sages avaient souri et avaient certainement pensé mettre fin à une part de hasard en contraignant les juges à motiver les peines. Mais même avec la meilleure volonté du monde, comment les justifier ? Depuis, ils font comme ils peuvent. Ils écrivent que l'accusé a fomenté les choses, qu'il apparaît dangereux, qu'il n'a pas avoué et n'a pas manifesté d'efforts de réinsertion tangibles. Mais, avec le même profil, les peines passent du simple au double.

Ils ne font pas seulement comme ils peuvent, ils font encore comme ils veulent. Avec cette restriction qu'ils font avec les moyens du bord, c'est-à-dire des clopinettes. On en revient donc au « comme ils peuvent ». C'est fou de donner si peu de moyens à des gens qui exercent autant de pouvoir.

Des caméras pour ne rien voir

Une image a fait le tour des réseaux sociaux, se cantonnant peut-être au petit réseau des avocats. C'était le temps du fameux confinement, la photo montrait une salle d'audience légendée « Cour nationale du droit d'asile ». Les avocats étaient présents avec leurs clients pour exposer la situation à un ordinateur portable posé là, à la place du juge, un autre étant installé à l'endroit du greffier. Une audience en visioconférence, mais pas pour tout le monde, le contraire de ce qu'on imagine d'une terre d'asile. La légende ne dit pas si les décisions de l'écran étaient clémentes ou pas, si l'on accueille mieux sans regarder les gens dans les yeux. L'image contrastait avec l'habitude, la justice « en temps calme », en dehors du Covid. Les visioconférences étaient déjà utilisées en de rares occasions et n'ont fait que se multiplier depuis. Habituellement, le juge est au tribunal, dans son fauteuil, à quelques mètres de l'avocat sur son banc et à des kilomètres du détenu dans sa cellule. La hiérarchie est dite avant la messe. Toutes les audiences ne peuvent pas (encore) se tenir de cette façon, on n'en est pas (encore) là de la réforme de la cour d'assises, les audiences qui statuent le plus fréquemment en l'absence physique des personnes sont celles sur « demande de mise en liberté », une peccadille. Elles se tiennent à huis clos, officiellement parce que les gens sont présumés innocents, ce qui est extraordinairement cynique quand on ne prend même pas la peine de les extraire de leur prison… N'est-ce pas plutôt pour cacher la misère des connexions qui fonctionnent à la hauteur du budget, le détenu semblant encore plus loin d'eux que Thomas Pesquet ? « Articulez, monsieur, le tribunal ne vous entend pas. »

L'écran entre donc dans la vie intérieure de l'institution mais aussi, de façon moins surprenante, dans la vie extérieure. En 2021, le garde des Sceaux a décidé de soumettre une loi afin que les procès puissent être filmés. Il ne devait pas savoir quoi faire comme loi, il fallait bien en trouver une qui porte son nom, quoique les ministres ne restent pas nécessairement dans la postérité pour « leur » loi, la loi dite *Badinter* n'a aucun rapport avec la peine de mort, elle date de 1985 et concerne les accidents de la circulation. Les procès seront donc filmés, pas tous, ceux qui auront fait l'objet d'une demande particulière par une chaîne, une émission, avec un cahier des charges paraît-il contraignant. Comme les gens ne se déplacent plus dans les tribunaux, qu'il faut vraiment avoir tué Charlie pour faire salle comble, alors le jugement vient désormais à eux, comme autrefois le châtiment.

Pour se prémunir d'une justice spectacle, ils ne seront pas retransmis en direct mais en différé, avec des commentaires pour les expliquer. J'ai l'air de râler mais je suis pour. Puisque tout le monde parle de justice sans rien en connaître. Puisque, pardon de le dire, mais tout le monde se comporte mieux quand la salle est remplie de regards extérieurs, journalistes ou autres reporters qui témoignent de la réalité judiciaire, donnant raison à ceux qui fuient le huis clos chaque fois que c'est possible. Je souhaiterais juste que le téléspectateur ne mange pas de chips devant son écran, qu'on invente une icône comme celle réservée aux plus de douze ans qui requiert un peu de dignité. Il faudrait vraiment s'entendre sur le terme dignité.

Bref, on ne peut pas observer quelqu'un se faire condamner en vrai, souffrir en vrai, en cuisinant ou en buvant une bière en même temps. À moins que la jouissance se niche là, à voir souffrir des gars à la place desquels on n'est pas, à scruter l'émotion d'un homme coupable, dont on sait tout, et le visage d'une victime, souvent féminin, qui appelle la compassion. Ou les quolibets, ils viennent facilement derrière l'écran. Rien qui n'appelle la justice.

On avait d'abord entendu parler de caméra fixe et de procès diffusés en intégralité. Que nenni, comme on dit dans les vieilles plaidoiries. Plusieurs caméras discrètes pourront être installées, pour les champs, les contrechamps et les immanquables gros plans. Pour juger de près. Me vient l'aphorisme anglais, « *Not only justice must be done ; it must also be seen to be done* » (La justice ne doit pas seulement être rendue, elle doit aussi se montrer.) Que donneront les montages puisqu'ils seront finalement permis ? Des petits arrangements avec la justice ? Les questions posées à l'accusé n'ont de sens que dans leur enchaînement, la peine requise, elle aussi, n'a de sens qu'après une démonstration ainsi que la plaidoirie, le procès forme un tout et parfois, comme en psychanalyse, il se passe des choses quand on s'ennuie. J'ignore à quoi ressemble une justice dont les mots seraient raccourcis, sans attente et sans silence, ce qu'elle y perdrait ou ce qu'elle y gagnerait. On le saura bientôt sur France 3. L'assentiment de chacun devait être recueilli, mais finalement les caméras pourront tourner malgré l'opposition de la victime. Elle n'a pas son mot à dire. Décidément, il y a un vrai sujet avec le consentement.

Ayant tiré les leçons de « Faites entrer l'accusé », l'émission mythique de France Télévision dont les plus vieux épisodes sont rediffusés vingt ans après, le prévenu sera flouté et les images détruites cinq ans plus tard. On évoque joliment le droit à l'oubli. Jusqu'à quand ? Puisque le droit à l'oubli n'est plus très tendance et qu'il constitue cette prescription de plus en plus contestée, c'est-à-dire l'acquisition, année après année, d'une repentance qui vaut paix sociale. Puisque les réformes ne connaissent que les pentes ascendantes, puisque l'image fait loi, irons-nous jusqu'au direct ?

Ressemblerons-nous aux États-Unis, à dévisager l'auteur du massacre de Parkland High School, à considérer ses excuses, à l'observer tenter d'éviter la peine de mort en balbutiant *en même temps faites comme vous voulez* ? Quand pleurerons-nous devant les parties civiles qui se prennent dans les bras au risque qu'une parole judiciaire soit sacrifiée au montage pour privilégier cette image-là ? À quel moment voterons-nous sur Internet pour la perpétuité ou pour une peine de sûreté ?

Puis nous aurons ce débat de savoir si les juges sont influencés par les réseaux. Cent millions de téléspectateurs ont regardé le procès de l'icône du football américain O. J. Simpson. Il était accusé d'avoir tué son ex-femme et le nouveau compagnon de celle-ci. Aurait-il aussi été acquitté à huis clos ? On décompte 21 milliards de vues de la vidéo en soutien à Johnny Depp sur TikTok. Elles ont dû peser.

Comment ne pas être pétri de défiance devant les dérives possibles de cette loi dont personne ne doute qu'elle est pleine de bonnes intentions ? Certains traitements médiatiques d'affaires judiciaires nous glacent et nous conduisent à la réserve. Je défends un homme dont le dossier a été médiatisé à outrance. Il n'en pouvait plus. Puis est arrivée « l'affaire Palmade » qui a tout emporté. Mon client me sourit : « Il faudra penser à le remercier. » Mais je n'ai de place que pour blâmer. Je sais avoir l'indignation facile mais je n'en reviens pas, je demeure interdite devant les « débats » que génère ce fait divers, ces gens qui s'expriment, ces heures de plateaux télé à déblatérer sur l'accident, sur sa vie, sur sa sincérité, « Et pourquoi a-t-il attendu de sortir de réanimation pour s'excuser ? » Jusqu'à cette psy qui pense qu'il va se suicider et cet écrivain, décidément romantique, qui parie qu'il s'aime trop pour se supprimer. Que diront-ils quand ils verront les procès filmés ? Heureusement qu'on finit par rire, toujours. Palmade est défendu par Céline, une incroyable avocate qui déjoue et désamorce tout pour ceux qu'elle défend. BFM montre une seule image aujourd'hui, en boucle toute la journée, on voit Céline arriver en voiture à l'hôpital où se trouve l'humoriste, elle conduit une Twingo pas géniale qui fait dire aux internautes que l'avocat en Ferrari relève peut-être du mythe (cette fois, on ne me souffle rien, c'est moi qui me retourne et dis à cette femme derrière moi qu'ils n'ont pas compris que si l'avocat avait été un homme, il serait venu en Ferrari). La voiture est loin, Céline ne dit rien, l'image ne dit rien, personne ne dit rien. On la voit fumer. Elle avait juré avoir arrêté. J'éclate de rire et lui écris qu'elle vient de se faire gauler.

Au diable les symboles !

Alice dit que je fais un métier « dingo », qu'elle ne pourrait pas faire à cause de son impatience, du temps perdu aux audiences, des mois qui séparent les interrogatoires des confrontations, des années à attendre le jugement. Elle le dit en connaissant mon empressement, celui que je dompte mal, qui prête à penser que je n'ai pas complètement grandi. Je veux encore tout, tout de suite. Elle connaît la chanson, ce temps perdu qui ne se rattrape plus. Elle parle d'attente plutôt que de souffrance, véritable raison qui l'empêcherait d'embrasser la profession, celle de ces gens entassés, angoissés, tous convoqués à 13 heures et dont certains attendent après 20 heures pour être jugés. Elle a vu le même président siéger de 13 h 30 à minuit. A-t-elle changé d'avis depuis son premier jour aux comparutions immédiates ? Excuse-t-elle la violence des juges dorénavant ? Agit-elle avec les autres comme je l'avais fait avec elle à la sortie du tribunal en leur disant que l'institution se comporte comme les enfants, comme les prévenus, comme tout le monde avec la violence, et se contente de la répéter ? En est-elle à ce point qui ne sert à rien ? J'ai dû l'entendre le murmurer à moins qu'elle ne l'ait dit à voix haute et que ce soit mon tour de vouloir l'ignorer. Est-ce qu'elle capitule et accepte qu'affronter la justice expose à la violence ?

Admettre la violence institutionnelle, c'est pire que de voter Macron.

Les mêmes scènes se reproduisent sans fin, nous attendons des heures pour plaider et les juges nous demandent de ne pas nous éterniser. Lorsqu'ils se retiennent, nous les rassurons, nous ne serons pas longs. Ils ne nous censurent pas, nous nous en chargeons. Sinon d'autres attendront jusqu'à 23 heures. Contrairement à ce qu'on croit, ça s'excuse beaucoup un avocat.

Je lui parle de la force des symboles puisque nous débattons justice. Alice s'y prétend hermétique, ne le déplore pas, excipe d'un choix, d'un ancrage absolu dans la matière. C'est plus solide qu'un symbole. Elle ironise sur mes prédispositions, la psychanalyse, la défense pénale et la judaïté. Elle le dit comme si c'était de la triche.

Je ne démens pas, je crois aux vertus de l'audience, peut-être trop, et je crois les gens capables d'entendre ce qu'on leur dit, peut-être trop. Le symbole existe, qu'on souscrive en la justice ou non et je crois à toutes sortes de symboles, en leur puissance, leur survivance. Est-ce un apanage de doux rêveurs, le seul moyen de ne pas raccrocher la robe dans une époque qui évoque pêle-mêle sociopathes, monstres et prédateurs ? Et pervers narcissiques bien sûr. La même question me taraude lorsque j'entre dans le nouveau tribunal de Paris : est-ce que Saint Louis aurait accepté de juger dans un centre commercial ?

Parce qu'on peut raconter à tort et à travers qu'il est très beau, le nouveau tribunal judiciaire parisien, en avoir plein la bouche de dire « un Renzo Piano » comme on dit une Rolex ou un Chanel, il ressemble à un centre commercial. Voilà ce qu'ils ont fait de notre salle des pas perdus, un atrium d'où partent les escalators qui mènent à des étages gardés de rambardes, des salles d'audience minuscules et sans fenêtres, exploit architectural notable dans une tour de verre. Les gens y étouffent, écrasés, alors que la hauteur des anciennes salles était une promesse, celle que la douleur puisse se disperser. Les faux plafonds d'aujourd'hui la confinent. Les faux-semblants aussi.

Le seul point appréciable est qu'on se voit tous, on se repère, dirait-on qu'on se surveille ? Une idée des temps modernes. On peut se héler d'un bout à l'autre, se retrouver pour un café. Au distributeur, bien sûr, puisque les terrasses plantées sont de la déco, qu'elles ne sont pas faites pour les gens qui travaillent. Mais c'est vrai que de l'extérieur, il est beau, le Renzo Piano. J'ai écrit un jour et je le maintiens ici : « Il en va de la justice comme de certains hommes, l'extérieur est splendide, l'intérieur est pourri. » On change de tribunal et le symptôme réapparaît au grand jour. L'institution, qui ne parvient même plus à payer des Stabylos et des crayons à papier à ses greffiers, s'est offert un Renzo Piano qui a coûté les yeux de la tête et elle reproche à des gamins d'avoir fait n'importe quoi pour obtenir des Nike.

La justice a toujours bénéficié d'un endroit dédié, même sans bâtiment, sous un palmier ici, sous un chêne là. Antoine Garapon s'est interrogé sur le symbolisme judiciaire qui a beaucoup « emprunté à la mythologie, à la Bible, à l'histoire » et maintenant au centre commercial, à l'aéroport, c'est-à-dire à la disparition des individus face à la puissance de leur modernité. L'auteur note qu'on en a fini avec « les marches du palais » qui élevaient le tribunal au-dessus de la vie ordinaire, sacralisant l'espace. Plus d'escaliers en surplomb désormais, place aux caméras, aux cars de touristes qui visitent le « Renzo Piano » et marchent tranquillement sur des détenus, invisibles en sous-sol, parqués dans des cellules où les chiottes débordent de merde. Des centaines de cellules, étriquées, déjà insalubres, volontairement sonorisées à l'extrême, et munies d'une caméra. Mais pourquoi n'allez-vous pas pisser, madame ?

À Nantes, ils ont un « Jean Nouvel », vitré, qui se reflète sans trop s'élever. S'il pleut à l'extérieur, il pleut aussi à l'intérieur. Il ne dispose d'aucune signalétique visible, vous arrivez, vous êtes perdu. Les gens patientent à l'accueil pour savoir où se trouve la salle dans laquelle ils doivent se rendre ou l'endroit où ils peuvent se soulager. Poser un panneau sur un Jean Nouvel serait-il sacrilège ? Ou faut-il juste perdre les individus d'emblée avant de les juger ?

Le vieux Palais de l'île de la Cité, devenu la Cour d'appel de Paris, a été aussi modernisé. Dans certaines salles, ce n'est plus un claquement qui annonce « la Cour » mais une sonnerie improbable qui conduit mon avocat général préféré, cynique au possible, à annoncer : « Soldes sur la truite ! » plutôt que : « Levez-vous ! » Il file la métaphore. Je le vois dépité devant cette désacralisation, il n'est pas uniquement répressif, il sait mieux que personne qu'un symbole doit faire événement. Sinon, il fait *pschitt.*

Nous râlons comme les irréductibles Gaulois et assiégeons les juges comme les Romains. Est-ce pour cela qu'ils ont dressé portes, badges et autres sas, nous empêchant de les approcher ? De nombreux magistrats déplorent cet isolement qui n'est bon pour personne, la justice le sait mieux que quiconque, elle en a fait une peine. Comment seraient-ils heureux claquemurés, dans la tour d'ivoire des Batignolles ou ailleurs ?

Cela doit néanmoins faire le bonheur des uns, le monde est plein de gens qui refusent d'en voir d'autres. Ce sont ceux-là qui ont dû réclamer que soient dessinés des couloirs interdits aux avocats, des cages de verre pour les détenus, d'aucuns ont bien obtenu de dresser des murs ou d'interdire des routes. Il n'existe pas vraiment de lois, ni pour les murs, ni contre, ni de « faits justificatifs », selon l'expression juridique, qui auraient motivé cette frontière. Quand j'ai prêté serment, non pas de dire la vérité mais d'exercer avec conscience et humanité, mon statut d'avocat me permettait de frapper à la porte des juges sans avoir pris rendez-vous, sans avoir téléphoné avant, en demandant simplement au greffier si le magistrat était disponible. Je m'entendais répondre oui ou non. Des feuilles scotchées sur des portes fermées ont commencé à germer : « Le juge est disponible de 11 heures à 13 heures » puis les mots ont cessé, certains ont affiché des panneaux « Sens interdit ».

Le bruit a couru qu'ils en avaient assez de nous voir, qu'ils « avaient besoin de travailler sans être dérangés », nous ne proposions pourtant pas autre chose. Un jour comme un autre, il n'avait ni plu trop fort ni grêlé, personne ne s'était évadé depuis des décennies, un gendarme a été posté à l'entrée de la galerie ouvrant les cabinets des juges d'instruction, il arrêtait les justiciables et nous laissait passer en robe. Un autre jour, sans ciel particulièrement annonciateur non plus, la robe noire au rabat blanc n'a plus suffi pour nous identifier, il a exigé que nous montrions nos cartes. Puis le gendarme a été remplacé par une porte magnétisée accessible seulement aux juges, les avocats étant délestés par le chemin des écoliers, deux escaliers et dix minutes de plus à marcher, une autre porte nous attendait avec une caméra en haut à droite, un interphone en face auquel nous devions montrer notre badge professionnel.

J'ai connu quatre portes d'entrée au vieux Palais de justice de Paris, boulevard du Palais, quai des Orfèvres, quai aux Fleurs et rue de Harlay. Il existait même une ouverture qui donnait directement sur le plateau correctionnel, le parvis où se trouvent les salles d'audience. Les gens attendaient aussi longtemps qu'aujourd'hui, mais à la lumière du jour, à l'air libre, je me souviens qu'ils fumaient. L'image semble inconcevable aujourd'hui.

Quand on la raconte, les petits jeunes écoutent avec tendresse ce qu'ils pensent être une divagation de petits vieux. On cherche en vain ce qui motive tant d'enfermements, une obsession qui ne se cantonne pas au carcéral. Il ne reste qu'une entrée aujourd'hui, les autres sont barricadées. Quasiment murées. Personne ne s'échappe et personne n'entre de force non plus. Alors, pourquoi ? On perd encore dix minutes de trajet. Ce n'est qu'une petite contrainte, me direz-vous, mais elle est signifiante et pèse sur les corps. Cela rappelle que nous sommes empêchés, contrôlés, que l'avocat n'est pas chez lui et les droits de la défense non plus.

Nous avons pesté à la première porte close, puis nous nous y sommes faits. Les deuxième et troisième ont été fermées en même temps, je ne sais même plus si nous avons fulminé ailleurs qu'entre nous, si nous avons dit les choses ouvertement. Nous ne sommes bons qu'à défendre les autres. Et puisque la confraternité ne vaut pas toujours davantage que la sororité, le découragement et les embûches ont d'abord été semés par nos institutions, au motif qu'il serait dérisoire de se battre pour ouvrir une porte puisqu'il existerait de plus nobles combats, et nous avons prêté serment de lutter pour la liberté, pas pour moins marcher. Notre Ordre sait surtout qu'il lui sera répondu de recourir au service d'à côté, que ce n'est pas le bon endroit pour réclamer et, comme ils seront baladés, autant accepter de plus marcher, c'est bon pour la santé. C'est peut-être misérable mais le constat de notre relation avec l'institution est là : nous ne parvenons même pas à faire rouvrir une porte de notre Palais. Nous sommes des Don Quichotte, des fous qui y croient. C'est pareil avec les lois, on descend dans la rue et puis on s'y fait. Le jour où je m'accommoderai de la façon dont on juge les gens, je raccrocherai.

Est-ce un lien inconscient qui m'a conduite aux portes des prisons ? Refermer, c'est toujours faire disparaître quelqu'un.

Je suppose qu'en prison aussi, ils auraient préféré des gens plutôt que des réformes. Du contact humain comme on dit quand on n'a plus rien, quand il n'est plus question d'affection, que le lien se réduit à la sensibilité d'une présence. Il n'y a plus de corps à croiser dans les prisons modernes, le constat de l'Observatoire international des prisons est alarmant : « Le modèle architectural de ces nouveaux établissements empêche à l'extrême les contacts humains, à la fois entre les détenus et avec les surveillants. L'obsession sécuritaire qui est au cœur du dispositif a pour conséquence de cloisonner, de séparer les détenus, de mettre en place des obstacles physiques pour empêcher les contacts, d'introduire une surveillance constante à l'aide de dispositifs automatisés : portes actionnées à distance, surveillance vidéo. La réflexion sur le contenu du temps passé en prison, dans quel espace, semble absente de la conception de ces nouveaux établissements. »

Ils demeurent gentils à l'OIP, comme les avocats qui tissent les liens coûte que coûte, qui « n'excusent rien mais qui expliquent », espérant que la capitulation d'emblée les fasse entendre. « Absente », vraiment, « la réflexion sur le temps passé en prison » ? L'administration pénitentiaire procède comme l'administration judiciaire, comme l'administration hospitalière, elle supprime l'humain. On ne déshumanise pas sans y penser.

La meilleure preuve que les lois sont illisibles et qu'elles ne sont pas faites pour les hommes, je l'ai reçue d'une juge qui rejoignait une réunion de travail entre collègues, ils planchaient depuis des semaines pour savoir s'ils bénéficiaient du droit de grève ou pas. L'interdiction n'est pas si certaine, me dit-elle. J'avais envie de l'encourager en lui offrant le petit cadre qui traîne dans mon bureau : « Un bon avocat connaît la loi, un excellent connaît le juge. » A priori, ils devraient bien s'en sortir. J'ignore les conclusions de leurs travaux, la juge a été mutée à l'antiterrorisme, ce qui a achevé de rajouter des portes entre nous, et je ne l'ai plus croisée. La suite a montré qu'ils sont restés sages. Avaient-ils conclu ne pas avoir le droit de faire grève, ont-ils été rappelés à l'ordre, ont-ils seulement perdu la foi ? L'histoire ne le dit pas. Ils ont rédigé une tribune collective dans le journal *Le Monde* à la fin de l'année 2021 : « Nous ne voulons plus d'une justice qui n'écoute pas et qui chronomètre tout. » Vive et bien envoyée, elle a connu un écho médiatique important. Des juges se sont fait entendre sur des plateaux télévisés, à la radio, ils se sont mobilisés une journée puis ils sont revenus travailler, comme nous, comme tout le monde. Ils dénonçaient une façon de « travailler dégradée » qui n'épargne aucune de leurs fonctions. Les juges aux affaires familiales « trop souvent contraints de traiter chaque dossier de divorce ou de séparation en quinze minutes et de ne pas donner la parole aux parties ». Les juges de proximité, ceux des affaires et des gens de tous les jours, « après avoir fait attendre des heures des personnes qui ne parviennent plus à payer leur loyer, nous n'avons que sept minutes pour apprécier la situation ». Les juges correctionnels, ceux dont je vous parle depuis le début, alertent sur le fait qu'ils jugent « à minuit des personnes qui encourent des peines d'emprisonnement » et les procureurs confessent « classer sans suite des procédures sur la base d'un compte rendu téléphonique ». La société demande aux femmes de déposer plainte puis classe les affaires en leur laissant croire que c'est faute de preuve alors que c'est faute de temps. Elle masque ce qui est en réalité un choix politique. Les juges dénoncent ensemble une « justice qui maltraite les justiciables, mais également ceux qui œuvrent à son fonctionnement, greffiers et magistrats » et déplorent le dialogue rendu impossible entre la justice et la société « par une vision gestionnaire de notre métier à laquelle nous sommes chaque jour un peu plus soumis ».

Comme les avocats, certains quittent la profession en des termes choisis, retranscrits dans l'appel : « J'ai vu bien trop de collègues en souffrance, qu'ils se l'avouent ou le dénient. Que fait l'institution de cette souffrance ? Elle la tait, comme elle tait ses manifestations : les abus d'autorité, le harcèlement, le surmenage, ou même les suicides. On récompense ceux qui la nient et on préfère dire de ceux qui se l'avouent qu'ils n'avaient pas les épaules. » L'institution se comporte comme ses citoyens, qu'elle réprouve quand ils n'assument pas, quoique les hommes, eux au moins, ne blâment pas les autres.

Ils n'ont pas tout raconté. Il faudrait davantage que les colonnes d'un journal. Ils auraient pu parler de leurs mains liées, même dans les dossiers les plus graves. Je pense à une affaire où j'ai retrouvé l'avocat général effondré à la sortie de l'audience, certain qu'il n'a pas été « rendu justice ». Il avait requis vingt ans d'emprisonnement et l'homme avait été condamné à beaucoup moins. La loi lui permet d'interjeter appel, ce qu'il faisait jusque-là, mais plus maintenant. Il n'en a plus les moyens. « Il », c'est-à-dire la société qu'il représente, celle pour laquelle il agit « au nom du bien », l'avocat général a insisté auprès de sa hiérarchie qui lui a rétorqué qu'on « ne pouvait plus se le permettre », cela coûterait trop cher en jours d'audience. Je ne comprends pas bien la nécessité de vouloir absolument que quelqu'un écope de vingt ans s'il a été condamné à douze mais quand même, que la décision se prenne pour des raisons de moyens, cela me consterne. La vérité ne devrait pas être mise à prix, la sécurité dont ils se repaissent non plus. Jusqu'à présent, ce sont les particuliers qui renonçaient à faire appel, trop risqué ou trop onéreux, aujourd'hui c'est devenu trop cher pour l'État. Quand on prônait l'égalité, personne ne la concevait au rabais.

La justice s'abîme, comme l'hôpital, l'école, la recherche, comme tout ce qui compte en somme. À en faire souffrir tous les hommes. En organisant la disparition des êtres humains, elle ne laisse pas de témoins. Que des victimes. L'avenir de tous les services publics se ressemble : le recours aux cliniques et aux écoles privées. Qu'en sera-t-il de la justice ? Tout le monde sait ce que justice privée signifie.

Je repense à cette infirmière qui luttait pour son hôpital malade en brandissant une pancarte quelques mois avant que la pandémie ne survienne : « Vous comptez vos sous, vous compterez les morts. » Elle avait été visée par des bombes lacrymogènes parce qu'elle manifestait trop fort. On a dénombré les morts et, généreux qu'on était, on l'a applaudie pendant qu'on comptait. Aujourd'hui, elle ne manifeste plus, elle a compris. Elle plante peut-être des choux avec Éric.

En réponse à leur tribune, les magistrats ont été reçus par le garde des Sceaux.

Il a dû les assurer de sa compréhension, les laisser parler un peu mais pas trop, ça comprend vite un ministre, puis expliquer que leur vindicte était dépassée puisqu'il ordonnait l'ouverture de nouveaux « états généraux de la justice ». Le rapport final sera édifiant : « C'est un sentiment de désespoir, voire de honte, qui domine face au manque de moyens humains et matériels, d'appuis techniques efficaces et cohérents, face aussi aux réformes incessantes et à l'impossibilité de bien remplir sa mission, alors que les contentieux deviennent toujours plus complexes. » Sans surprise, les conclusions prônent une augmentation des moyens et une énième refonte du Code de procédure pénale devenu « excessivement complexe et illisible ».

Le recours aux courtes peines d'emprisonnement est stigmatisé comme « facteurs de récidive (...) De nouvelles alternatives à la détention, telle que l'assignation à résidence sous surveillance électronique, doivent se développer ».

Fallait-il des mois de débats pour en arriver là alors que nous avions déjà connaissance du constat et de sa solution, l'argent, cette loi du plus fort ? Et le frein à la prison, cette loi du plus faible. Qu'a répondu le ministre de la Justice à France Info lorsqu'il a reçu ce rapport le 8 juillet 2022 ? « L'objectif final, c'est de rendre la justice plus proche de nos compatriotes, plus rapide, plus efficace et donc de la moderniser. » Le « donc » ne manque pas d'interroger. A-t-il seulement lu ou véritablement écouté la souffrance de ceux qui ont pris la peine de s'exprimer ?

Évidemment, on dira que je ne suis jamais contente, que ça râle tout le temps un avocat. Je lutte contre les juges et contre leur disparition à la fois. Il faudrait savoir. Et cesser de se contredire.

Je préfère lutter contre trois juges que contre un. J'opterais même pour batailler contre trois juges et des jurés. On choisirait tous de remettre sa vie entre les mains de plusieurs personnes plutôt que d'une seule, c'est aussi simple que cela. Mais ce n'est pas l'air du temps. Ils disparaissent. L'institution les expose en nombre suffisant quand elle veut se montrer exemplaire. Elle a donc consacré neuf mois à ce procès dit « V13 » des attentats de 2015, afin que tout le monde puisse se congratuler, constater comme c'est bien quand on s'en donne les moyens, quand on prend son temps. Comme si ce n'était pas évident avant. Qu'il avait fallu un massacre. Dans les salles voisines continuaient d'être jugés en catimini et en vingt minutes ceux dont tout le monde se fout.

On compte actuellement deux fois moins de juges en France par habitant que dans les autres pays d'Europe, soit autant qu'ils étaient au Moyen Âge. Il y a cent ans, les citoyens pouvaient s'adresser à des juges de paix qui siégeaient par canton. Ils ont été remplacés en 1958 par des tribunaux d'instance, beaucoup moins nombreux, lesquels ont été supprimés à leur tour en 2020 au profit des tribunaux de proximité, plus parsemés encore. J'imagine qu'on rémunère des gens pour trouver des noms qui masquent la réalité des choses. Payer des hommes pour supprimer des postes, voilà qui m'a toujours surprise. Des individus qui ne manquent pas d'humour pour nommer « proximité » des tribunaux volontairement reculés. Je revois encore les professionnels faire le pied de grue pour éviter que leur tribunal local ne ferme, un peu comme les parents qui investissent les écoles maternelles. Ils en connaissent les conséquences pour les justiciables, l'idée de faire valoir ses droits s'éloigne avec le tribunal, probablement comme celle de se confesser loin d'une église. Et Internet, m'objecterez-vous ? Il y a bien un prêtre sur TikTok. Qu'attendent donc les juges ?

Ils sont déjà suppléés, parfois par des gens moins qualifiés ou par des diligences en ligne, par du moins cher en somme, comme la caissière est remplacée par le vigile et la caisse automatique au supermarché.

Tout le monde attend tranquillement l'Intelligence artificielle.

Plus l'institution se désertifie, plus elle se durcit, un effet semblable à la botanique et aux sociétés. Cette âpreté renforce la vocation des défenseurs qui refusent de laisser les Hommes seuls face à la violence. C'est le serment non-dit des avocats. Cela nous préservera peut-être du spectre de cette grande démission qui s'abat. Je nous projette vent debout contre la machine qui broie. Frédérique a la bonne soixantaine et elle s'en fout. Notre audience terminée, nous nous retrouvons à la brasserie bien nommée *Les Deux Palais*. Frédérique évoque ses souvenirs auprès de Thierry Lévy, cet avocat sans concession, que moi-même je trouvais un peu excessif et dont elle a été la jeune collaboratrice. Elle revit devant moi sa première plaidoirie, son client était coupable, elle demandait « la clémence » comme on dit quand on raconte des histoires aux enfants, et terminait en adressant ces mots aux juges : « Je vous le confie. » Son patron l'a tancée à la sortie : « Sachez qu'on ne remet jamais personne à ces gens-là. » Frédérique me sourit, ses larmes montent, je ne distingue pas si elles signent la fatigue ou le souvenir du défunt, elle ne refuse pas la tendresse qui vient. Thierry Lévy aimait-il, comme nous, se consoler en disant des horreurs au café ?

C'était un soir d'acquittement, je me sentais avoir une cape de super-héroïne. L'a-t-elle pressenti ? Alice me dit que ça en jette.

Alors, bien sûr…

Peut-être que j'en attends trop, qu'ils en attendent trop, qu'elles en attendent trop, que c'est pour ça l'amertume. À cause de l'exigence. Mais ce n'est pas à désespérer tout le temps. Même Constance, qui n'a pas pour principe de voir la vie en rose, me rappelle ces fois, elle ne dit pas « toutes ces fois », elle dit que c'est arrivé, que le procès a permis de comprendre, de faire avancer, de sortir la tête haute. Constance s'est pourtant délestée de sa robe, mais elle ne se défait pas d'être avocate. Le serment résiste.

Bien sûr, il y a les grandes joies et les succès. Les hommes qui vous tombent dans les bras et les femmes qui vous embrassent. Ce garçon qui mesure deux mètres et qui met son front contre mon front après le verdict. Ces moments où celui qu'on a affronté vient vous saluer. Ces clients qui débarquent avec des tableaux, des gâteaux, du champagne, de la vie. Il y a ces courriers qui écrivent merci, que maintenant ça va, que ça bosse, que ça se marie. Ces rouages arrêtés, ces plaies refermées, ces vies qui se disent sauvées.

Il y a toutes ces femmes qui murmurent heureusement que vous étiez là.

Et tous ces hommes qui le manifestent aussi.

Il y a ces moments qui restaurent, renouent, réinsèrent, ces êtres qui rendent grâce au procureur, au juge, au tribunal, qui expriment la considération autrement que poliment.

Il faut donc que je vous dise que ça marche parfois, que la chanson nous donne raison d'y croire puisqu'on nous parle d'amour et de choses tendres.

Il y a toutes ces exceptions qui confirment la règle.

Alors bien sûr, ce n'est plus le temps des mots – et c'est justice.

Remerciements

Je tiens à remercier particulièrement Alix Penent, mon éditrice, pour sa confiance absolue. Ainsi qu'Emma Saudin, pour sa hauteur et sa précision.

Merci également,

Aux avocates de la rue du Bac. Et à l'avocat.

Aux amies indéfectibles et à celle qui n'est pas si candide pour leur relecture engageante,

À ceux qui savent et à ceux qui ne s'en doutent même pas,

À mon frère, le vrai, et à mon frère dans la nuit,

Aux âmes philosophes et aux fossettes dans le dos,

Au petit prince.

Références bibliographiques

ALDUY, Cécile, *La Langue de Zemmour*, Seuil, 2022.

ARENDT, Hannah, *Eichmann à Jérusalem*, Gallimard, 1991, coll. « Folio histoire ».

BADINTER, Robert, *L'Exécution*, Grasset, 1973.

BADINTER, Robert, *L'Abolition*, Fayard, 2000.

DEVYNCK Hélène, *Impunité*, Seuil, 2022.

DUFOUR Olivia, *La Justice en voie de déshumanisation*, LGDJ, 2021, coll. « Forum ».

ELIACHEFF, Caroline, et SOULEZ LARIVIÈRE, Daniel, *Le Temps des victimes*, Albin Michel, 2007.

ERNAUX, Annie, *L'Événement*, Gallimard, 2000.

FASSIN, Didier, *Punir*, Seuil, 2017.

FOUCAULT Michel, *Surveiller et Punir*, Gallimard, 1975, coll. « Bibliothèque des histoires ».

— *La Société punitive*, Cours au Collège de France, (1972-1973), EHESS/Gallimard/Seuil, 2013.

GARAPON, Antoine, *Bien juger*, Odile Jacob, 2001.

— *Le Gardien des promesses*, Odile Jacob, 1996.

GARÇON, Maurice, *Le Journal, 1939-1945*, Les Belles Lettres, 2015.

GIDE, André, *Souvenirs de la cour d'assises*, Gallimard, 2009.

GOLDMAN, Pierre, *Souvenirs obscurs d'un Juif polonais né en France*, Seuil, 2005, coll. « Points ».

HERSZBERG, Catherine, Fresnes, *Histoires de fous*, Seuil, 2006.

HUGO, Victor, *Les Misérables*, Gallimard, 2018, « Bibliothèque de la Pléiade ».

— *Les Quatre Vents de l'esprit*, Robert Laffont, 2002, Œuvres complètes, coll. « Bouquins », Poésie, t. III.

JAENADA, Philippe, *La Petite Femelle*, Julliard, 2015.

LAGASNERIE (de), Geoffroy, *Juger*, Fayard, 2016.

LÉVY, Thierry, *Justice sans Dieu*, Odile Jacob, 2000.

Miss. Tic, *Histoires de rencontres*, Leila Murdoch, 2019.

NAUD, Albert, *Les défendre tous*, Robert Laffont, 1973.

ORWELL, George, *1984*, Gallimard, 1950, « Folio », 2021, trad. A. Audiberti.

PENNAC, Daniel, *Monsieur Malaussène*, Gallimard, 1997, « Folio ».

PHILIPPE, Arnaud, *La Fabrique des jugements*, La Découverte, 2022.

PORTELLI, Serge, *Traité de démagogie appliquée*, Michalon, 2006.

ROBERT-DIARD, Pascale, *La Petite Menteuse*, L'Iconoclaste, 2022.

SAINT-PIERRE, François, *Au nom du peuple français*, Odile Jacob, 2013.

SALAS, Denis, *La Volonté de punir*, Pluriel, 2010.

SAPIENZA, Goliarda, *L'Université de Rebibbia*, 1983, Attila-Le Tripode, trad. fr. de N. Castagné, 2019.

SARTRE, Jean-Paul, *Situations : Politique et Autobiographie*, Gallimard, 1947, série « Situations », vol. X.

STEINBECK, John, *Les Raisins de la colère*, Gallimard, 1957, nouvelle trad. de C. Recoursé, coll. « Du monde entier », 2022.

SUREAU, François, *Pour la liberté*, Tallandier, 2017.

WHITMAN, Walt, *Leaves of Grass*, Penguin Classics, 1981.

Parlons d'injustices !, Conseil national des barreaux, Ramsay, 2022.

Articles :

Le Journal officiel de la République française du 23 mai 1876.

« Procès des attentats du 13 novembre : la cour d'assises, cocon pour les victimes, Pascale Robert-Diard », *Le Monde*, 21 septembre 2021.

« *Les Amandiers* ou les yeux grands fermés, La Méridienne », blog de Mona Chollet », 28 novembre 2022.

« Être avocats, messieurs… », Jean-Denis Bredin, *Le Nouvel Observateur*, 1er mars 1976.

« L'appel des 3 000 magistrats et d'une centaine de greffiers », *Le Monde*, tribune du 23/11/21.

« La vérité si je mens », François Saint-Pierre, *Le Monde*, août 2017.

« Les nouvelles prisons offrent-elles de meilleures conditions de détention ? » publié le 4 février 2020 sur le site oip.org.

« Transformations, modernisation, déshumanisation de la justice, l'exemple de l'Angleterre et du pays de Galles », Géraldine Gadbin-George, in Droit et Société 2020/1, Éd. Lextenso.

« Obama, in Oklahoma, Takes Reform Message to the Prison Cell Block », Peter Baker, *The New York Times*, 16 juillet 2015.

« Les chiffres clés de la justice de 2022 », ministère de la Justice.

« La nécessité de juger », colloque de l'université de Caen, octobre 2022.

Les États généraux, rapport de la justice pénale, 2022.

Références bibliographiques

Filmographie :

La Vérité, Henri-Georges Clouzot, 1960.
Douze Hommes en colère, Sidney Lumet, 1957.

Table

NORD COMPO
multimédia

Composition et mise en pages
Nord Compo à Villeneuve-d'Ascq

CET OUVRAGE
A ÉTÉ ACHEVÉ D'IMPRIMER
SUR ROTO-PAGE
PAR L'IMPRIMERIE FLOCH
À MAYENNE EN AOÛT 2023